AF089063

Manual de Egipcio Medio

Carlos Gracia Zamacona

Archaeopress

Archaeopress Publishing Ltd
Summertown Pavilion
18-24 Middle Way
Oxford OX2 7LG
www.archaeopress.com

ISBN 978 1 78491 761 6
ISBN 978 1 78491 762 3 (e-Pdf)

© Archaeopress and Carlos Gracia Zamacona 2017

All rights reserved. No part of this book may be reproduced, or transmitted, in any form or by any means, electronic, mechanical, photocopying or otherwise, without the prior written permission of the copyright owners.

This book is available direct from Archaeopress or from our website
www.archaeopress.com

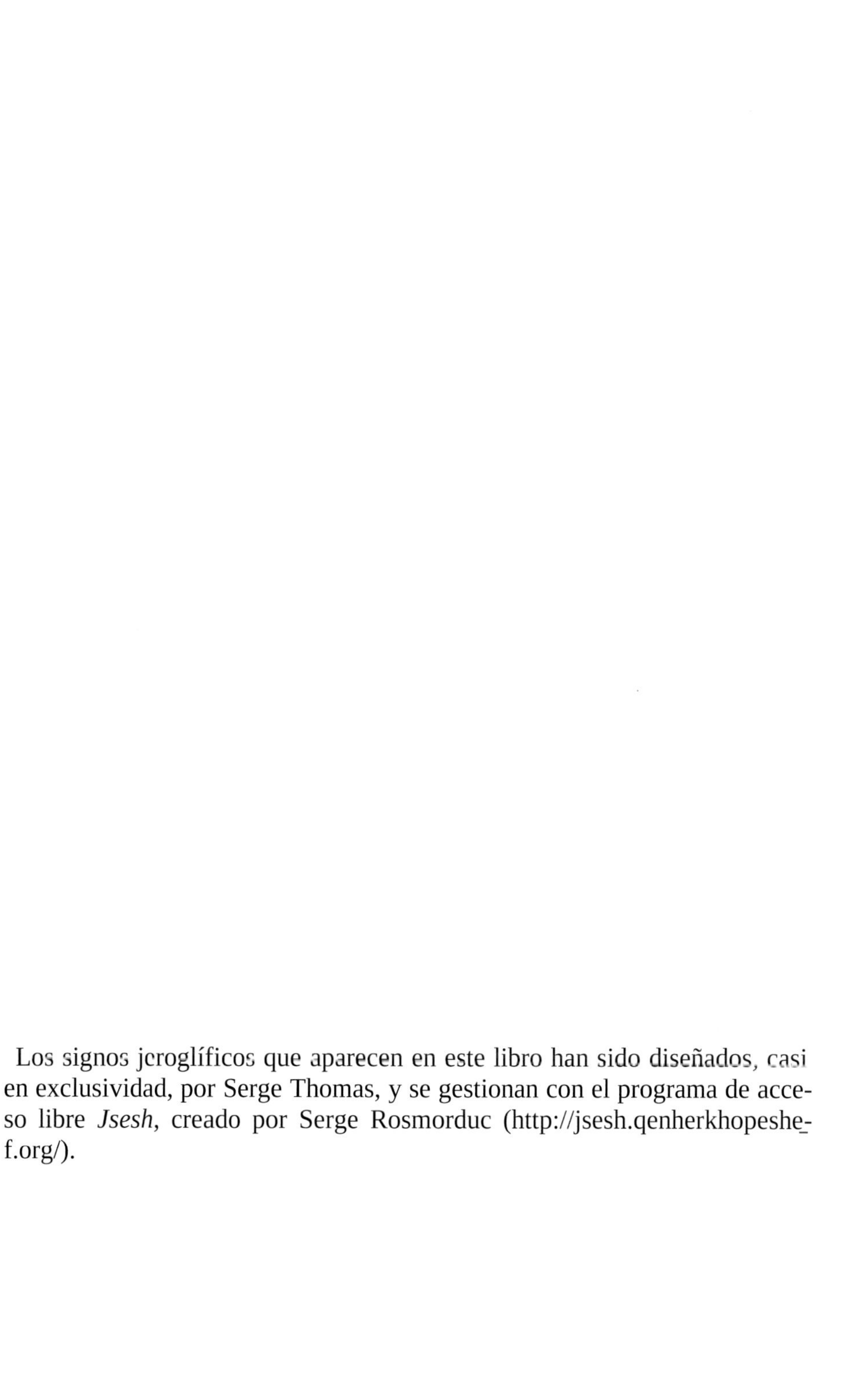

Los signos jeroglíficos que aparecen en este libro han sido diseñados, casi en exclusividad, por Serge Thomas, y se gestionan con el programa de acceso libre *Jsesh*, creado por Serge Rosmorduc (http://jsesh.qenherkhopeshef.org/).

En memoria de Luchi y Félix, mis padres
Con amor

Sumario

Prefacio de Pascal Vernus

Por fin está aquí la reedición del elegante manual de Carlos Gracia Zamacona, muestra indiscutible de su éxito: un éxito de sobras justificado y que viene a satisfacer, como anillo al dedo, unos intereses cada vez más extendidos.

En efecto, el interés, la dilección – incluso la pasión – que la civilización faraónica ha suscitado desde hace ya largo tiempo en nuestra modernidad occidental adquiere ahora la forma de un tsunami cultural de escala mundial. En nuestro imaginario, el antiguo Egipto tiende a desbancar, de manera irresistible, el mundo grecorromano como parangón de un pasado prestigioso. Y España, al igual que otros países europeos – quizás incluso más –, ha sucumbido a esa fascinación. En la Rambla de Barcelona, los expositores de los quioscos de prensa rebosan de publicaciones egiptomaníacas, prueba de su gran popularidad. En las grandes ciudades, florecen las sociedades de egiptología. En las universidades, se ofertan seminarios especializados. Las expediciones arqueológicas españolas consiguen resultados envidiables. De esta manera y por todo el país, se ha formado un público cultivado cuyo gusto egiptológico ya no se sacia con la simple contemplación de Nefertiti, la epopeya de Howard Carter tantas veces repetida o las especulaciones sobre las pirámides. Este público quiere algo más profundo, aunque sea más arduo. Ahora se plantea iniciarse en la escritura jeroglífica y en la lengua egipcia, pues se ha dado cuenta de que así se adentrará mucho más en las intimidades del antiguo Egipto. Lo que es más, este tipo de demanda, lejos de limitarse a España propiamente dicha, se extiende por la inmensa comunidad hispanófona, incluida la que lleva camino de hacerse mayoritaria en los Estados Unidos.

En otras palabras, hacía falta un manual escrito en castellano que diera respuesta a tan altas expectativas. Carlos Gracia Zamacona se ha aplicado a esta delicada tarea y la ha llevado a cabo de la mejor manera. La verdad sea dicha, estaba bien preparado para hacerlo: largos años de estudios egiptológicos, coronados con una tesis doctoral sobre uno de los corpus textuales fundamentales del Egipto faraónico, le han otorgado un perfecto dominio de la filología egipcia. Por otra parte, el autor posee conocimientos muy sólidos en lingüística general, incluyendo la corriente cognitiva en plena expansión actualmente. Por último, su dilatada experiencia docente garantiza su pericia pedagógica. El resultado es un manual que proporciona un rápido acceso a los fundamentos del egipcio, a la vez que sortea los temibles obstáculos que surgen durante su estudio. En efecto, además de la complejidad del sistema jeroglífico y el gran número de signos que utiliza, las grafías jeroglíficas adolecen de poca capacidad de discriminación ya que no tienen en cuenta la vocalización: una secuencia de signos puede esconder diferentes formas. De ahí las incertidumbres de que sufre nuestro conocimiento del egipcio, en particular sobre uno de sus estados más antiguos, el egipcio medio, que aun así es tenido por referencia. Tales incertidumbres han suscitado interpretaciones y doctrinas divergentes, entre las que el neófito corre el riesgo de perderse.

Carlos Gracia Zamacona ha sabido cómo combinar diversos procedimientos que ayudan a salvar todas estas dificultades. En unas pocas páginas, su exposición de los grandes principios de la escritura jeroglífica permite al lector desenvolverse con facilidad en la jungla de las grafías. Su tratado gramatical va a lo esencial, pero no duda en incorporar los últimos avances de la investigación y las nociones lingüísticas más punteras. Con la claridad ascética de un plano, tiene también la acribia más rigurosa. Siguen la indispensable lista de signos jeroglíficos y un vocabulario suficientes para proporcionar una base notable. Apoyándose en ella, quien quiera fortalecer sus conocimientos mediante la práctica estará pertrechado para enfrentarse a los dos textos jeroglíficos propuestos en el anexo III: la estela de Merer y el *Cuento del náufrago*, uno de los clásicos de la literatura egipcia. A continuación, en el anexo IV, el autor explica minuciosa y cuidadosamente su lectura, gramática y traducción, de manera que el lector puede meterse en la piel del descifrador y verificar de manera inmediata sus habilidades recién adquiridas.

Si hubiera que definir este manual con una palabra, ésta sería “claridad”. El texto de Carlos Gracia Zamacona se lee de un tirón, sin trabas, como fluye el agua de un manantial. Es éste un breve libro que todos los apasionados del Egipto faraónico deberían leer, ya tengan la intención de continuar con sus estudios egiptológicos ya pretendan simplemente informarse sobre uno de los aspectos más fascinantes de esta civilización. ¡Gracias al talento de Carlos Gracia Zamacona enseguida se sentirán como nuevos Champollions!

Pascal Vernus
Catedrático emérito de Egiptología
École Pratique des Hautes Études, en la Sorbona, París.

Sobre el autor

Tras estudiar en la Universidad La Sapienza de Roma con Alessandro Roccati (egipcio medio e historia de Egipto) y en la Universidad Eötvös Loránd de Budapest con Ulrich Luft (egipcio medio y hierático), Carlos Gracia Zamacona se formó como egiptólogo y lingüista en la École Pratique des Hautes Études, en la Sorbona, París, para preparar un Diploma de Estudios Avanzados (DEA) en gramática comparada bajo la dirección de Pascal Vernus, catedrático de Egiptología. Además de asistir a las clases del profesor Vernus, también fue alumno de Claude Hagège (lingüística general), David Cohen (semíticas), Bernard Caron (lingüística africana), François Neveu (neoegipcio), Yvan Koenig (hierático) y Gérard Roquet (copto). También tuvo la oportunidad entonces de disfrutar del enriquecedor ambiente egiptológico de l'École Pratique y de la biblioteca del Collège de France, conociendo a numerosos colegas internacionales y escuchando a egiptólogos y semitistas de talla mundial como Jan Assmann, Georges Bohas o Pelio Fronzaroli.

Una vez conseguido el DEA, se matriculó en doctorado en la misma institución, y se trasladó a Lieja (Bélgica) para estudiar neoegipcio y semántica con Jean Winand, a la par que comenzaba a trabajar en la base de datos de los Textos de los Ataúdes que sería la herramienta fundamental para culminar su tesis con éxito. La estancia en Lieja se revelaría crucial para la primera confección de la base gracias al conocimiento sobre la materia del profesor Winand.

Por medio de una beca en la Academia de España en Roma que le permitió seguir con la tesis y asistir a las clases de copto del profesor Philippe Luisier en el Instituto Bíblico Pontificio, y después de varios años de trabajo, se doctoró en egiptología y lingüística bajo la dirección de Pascal Vernus con una tesis sobre los verbos de movimiento en los Textos de los Ataúdes. El tribunal, compuesto por Alain Lemaréchal, Jean Winand, Bernard Mathieu y Serge Rosmorduc, le dio la máxima calificación, recomendando la publicación de la tesis.

Desde entonces, ha llevado a cabo investigaciones individuales, una de ellas como becario postdoctoral en el Institut Français d'Archéologie Oriental, en El Cairo, y ha colaborado en diferentes proyectos internacionales, el más reciente la creación de una base de antropónimos para el *Giza Project* de la Universidad de Harvard.

Es especialista en lingüística y en los Textos de los Ataúdes, el mayor corpus mortuorio del antiguo Egipto. Le interesa la semántica verbal, el pensamiento metafórico, los tipos y usos de los textos, la grafémica (la interacción entre escritura, lenguaje y espacio gráfico) y el pensamiento "religioso" y su reinterpretación. Su enfoque general es de corpus, funcionalista y cognitivista en sentido amplio, sin adscribirse a ninguna escuela específica.

Entre sus publicaciones académicas,[1] dos artículos sobre la expresión lingüística del espacio[2] han encontrado un eco notable, siendo citados en la mitad de los estudios recopilados en un reciente volumen dedicado a la semántica lexical del antiguo egipcio.[3] Actualmente, sigue contribuyendo a revistas científicas como autor, revisor y miembro de comité. También ha impartido conferencias y seminarios en universidades y museos, y participado en congresos internacionales, además de mantener contacto con colegas a nivel internacional en Alemania, Argentina, Bélgica, España, Estados Unidos, Francia y Reino Unido.

Actualmente es miembro asociado del Equipo de Investigación 4519 *Égypte ancienne: archéologie, langue, religion* de la École Pratique des Hautes Études, Paris Sciences et Lettres Research University.

---

[1] http://ephe-sorbonne.academia.edu/CarlosGraciaZamacona

[2] "The spatial adjunct in Middle Egyptian: data from the Coffin Texts", *MosaikJournal* 1 (2010), 221-258; y "Space, time and abstract relations in the Coffin Texts", *Zeitschrift für Ägyptische Sprache und Altertumskunde* 137 (2010), 13-26.

[3] E. Grossman, S. Polis and J. Winand (eds.), *Lexical Semantics in Ancient Egyptian*, Lingua Aegyptia – Studia Monographica 9 (Hamburgo: Widmaier, 2012).

Agradecimientos

Escribir un libro depende, al menos, de encontrar algo nuevo que contar, desear hacerlo y considerar que vale la pena dejar de hacer otras cosas. Éstas son decisiones del autor, pero las hay que las toman otros y que resultan cruciales. A estos otros quiero agradecerles que este libro vea la luz.

Agradezco a Alejandra Clemente, Macamen Alonso, Juan Alarcón, José María Luzón y Noelia Alarcón, así como a otros miembros de la Asociación de Amigos del Museo Arqueológico Nacional de Madrid su invitación, apoyo y asistencia a los cursos de egipcio que tuve el placer de impartir en ese museo en 2007. Sin el interés personal de todos ellos, los cursos nunca habrían tenido lugar, ni tampoco este libro.

Doy las gracias también a Alfonso Martínez, de Ediciones Clásicas, por su interés en publicar la primera edición de este libro en 2013, y a José Manuel Galán y José Ángel Zamora, del CSIC, por ponerme en contacto con él.

Igualmente, quiero expresar mi agradecimiento a Archaeopress por publicar la segunda edición de este libro.

Agradezco sinceramente el apoyo desde la lejanía de dos de mis profesores a los que, puedo decir sin ambages, debo mi formación egiptológica: Pascal Vernus y Jean Winand. Este libro sería inconcebible sin su magisterio, sus críticas y sus ánimos al pensamiento crítico.

Quiero manifestar aquí la deuda enorme que tengo con dos personas que, en otro país y durante una época difícil para mí, me ofrecieron su casa, su tiempo, su amistad, su arte y mucho más. Me refiero a Monique Brenier y a Huguette Mohr: si no tuviera padres a vosotras os dedicaría este libro.

A todos los amigos que me apoyaron en el camino: son muchos, pero no puedo dejar de citar a Javier, Romi, Piluca, Livio, Claudio, Jesús, Attila, Amaya, Marta, Loqui y Antonio... cada uno sabe por qué.

Sin el amor y el apoyo de mis padres, de mi abuela Dora y de mis hermanas, Ana Begoña, Elena y Beatriz, nunca habría tenido la oportunidad de ir a la universidad y, por lo tanto, jamás habría escrito este libro: os agradezco que estéis a mi lado, pase lo que pase, a lo largo de los años.

A Lola le agradezco todo el tiempo en común que le he quitado: no sé cómo voy a devolverte tanto, aunque quizás no lo tengas tan en cuenta :)

Y a Matilde, que llegó hace poco e iluminó mi vida.

* * *

Desde la primera edición hasta la presente, he tenido la suerte y el honor de conocer a varios colegas y amigos que han compartido su saber conmigo. En particular, por sus comentarios y críticas, quiero agradecer aquí a Rune Nyord, Gersande Eschenbrenner-Diemer y Antonio Morales.

Por último, es un placer para mí expresar mi más sincero agradecimiento a Jim Allen, Susan Allen y Peter der Manuelian por su apoyo y ánimos.

Introducción a la segunda edición

Tres razones motivan esta segunda edición.

La primera es asegurar la disponibilidad del libro, y así contribuir a la difusión del estudio científico del egipcio en lengua hispana. Agotada la primera edición y buscando una distribución adecuada, contacté con David Davidson, de Archaeopress, y acordamos volver a sacar el *Manual*.

La segunda es mejorar el texto. Para ello, he corregido algunas erratas y omisiones (no muchas) que se colaron en la primera edición y he adjuntado una breve explicación en la parte de historia de la lingüística egipcia, absolutamente necesaria por las importantes contribuciones realizadas en este campo en los últimos diez años.

La tercera es actualizar el aparato bibliográfico con los cambios importantes acaecidos en la lingüística del egipcio antiguo recientemente. Por ello, he ampliado la bibliografía final y he introducido referencias más específicas en notas a pie de página, allí donde se han producido las novedades más significativas. Creo ahora que esto puede orientar en el estudio tanto de las cuestiones más básicas como en las más candentes, un contraste que con frecuencia me ha resultado provechoso. Espero que el lector también lo aprecie así.

Cambridge (Massachusetts), junio de 2016

Introducción a la primera edición

Este libro es circunstancial. Se podrá decir que todos lo son, pero éste me llegó por pura casualidad a raíz de unos cursos de lengua y escritura egipcia organizados por la Asociación de Amigos del Museo Arqueológico Nacional de Madrid en 2007. Mi intención inicial fue la de preparar un material para los participantes de los cursos, siendo consciente de lo difícil que es empezar a leer jeroglíficos y comprender una lengua muy distinta de la nuestra o de las que nos son familiares. Debido a la misma complejidad del egipcio, que en esto no difiere de cualquier otra lengua natural, así como a mi tendencia a acabar lo que empiezo, me encontré un par de meses después de finalizados los cursos con un manual de iniciación al egipcio medio, el estado de la lengua considerado «clásico» por los propios egipcios y en el que están escritos, sobre todo, los textos del llamado Reino o Imperio Medio, que se extendió, de manera aproximada, desde el año 2000 hasta el 1500 antes de Cristo.

El objetivo de este libro nunca fue ser una gramática. En los últimos años hemos visto florecer una cantidad notable de gramáticas de egipcio medio, de intención, enfoque teórico y extensión muy diversos, de manera que no tiene sentido añadir otra más a esa lista. Por lo demás, debido a mi formación egiptológica y a mi propio criterio como historiador y lingüista, no tendría nada nuevo que añadir a la gramática de egipcio medio escrita en 1999 por Michel Malaise y Jean Winand, que se cita en la bibliografía al final de este libro y un poco por todas partes a lo largo de él. De hecho, la parte teórica del presente manual se basa en gran medida en ella, si se pasan por alto variaciones de estructura y presentación, así como alguna menor de fondo (el subjuntivo, las preposiciones, algo de la grafémica). Recomiendo por tanto a cualquiera que desee profundizar en el estudio de esta lengua, tanto en la teoría como en la práctica, que recurra a la gramática de los citados autores belgas: no saldrá defraudado. Resulta absolutamente necesario reconocer esta deuda teórica con la gramática de Malaise y Winand: primero porque es de justicia citar las fuentes; y segundo porque la situación de la lingüística del egipcio, y por lo tanto de nuestro conocimiento de esa lengua, dista mucho de ser unánime, de manera que hay que explicar con nitidez qué enfoque teórico se emplea y, precisamente, que se está empleando un enfoque teórico, algo que se suele omitir con demasiada frecuencia, lo que resulta en desorientación para el que se acerca por primera vez a esta materia.

La intención de este libro siempre fue, por el contrario, servir como guía introductoria al egipcio medio tanto al lector interesado en el antiguo Egipto como al estudiante de la lengua egipcia que pretende enriquecer su formación, ya sea con un perfil de lingüista, filólogo, arqueólogo o historiador de la antigüedad, ya tenga ambiciones más específicas y abrigue la idea de llegar a ser egiptólogo. Por razón de su propia concepción, se ha renunciado a dar bibliografía pormenorizada de cada cuestión, salvo en el caso de los textos de los ejercicios para los que se citan las referencias actualizadas que permitirán contrastar los análisis y traducciones que propongo. En cambio, he juzgado necesario incluir una bibliografía básica sobre el egipcio y la teoría lingüística, al final del libro. Huelga decir que el simple hecho de que la considere «básica» es un sesgo de por sí: según muchos faltarán obras «fundamentales» y sobrarán algunas de las citadas, aunque quiero pensar que la lista que doy tiene un carácter instrumental, más que nada. Otra consecuencia importante del propio concepto de este libro es que los ejemplos en la parte de la gramática no están sacados de los textos, sino que los he creado yo usando un vocabulario mínimo, de tal manera que los problemas derivados de la lectura y del desconocimiento léxico no interfirieran en la comprensión de las estructuras gramaticales que se estudian. Por esa misma razón, separo con blancos las palabras escritas en jeroglíficos, cuando en la realidad no lo están. Eso sí, en los textos de los ejercicios, el lector se encontrará con el egipcio medio de primera mano, aunque gradualmente: primero palabras sueltas, con espacios y escritas de izquierda a derecha; luego un texto corrido, con espacios entre las palabras y de izquierda a derecha; y finalmente un texto corrido, sin espacios entre palabras y de derecha a izquierda, que era la forma más habitual de escribir en Egipto. (Y merece la pena llegar a ese texto, pues es una de las fábulas más brillantes que ha salido del genio humano.)

Espero que este libro cumpla otra función añadida: la de potenciar la presencia de España en el circuito egiptológico internacional, en el que, como país, está raramente representada. Pese a determinados esfuerzos encomiables, la Egiptología sigue sin tener rango de disciplina académica en este país, lo que deja espacio a toda suerte de aproximaciones espurias. Aunque sólo sea por esta razón y por intentar contribuir a que España cuente en un futuro próximo con una enseñanza reglada de la Egiptología, como en el resto del mundo, quizás la publicación de este libro y su máxima difusión puedan parecer justificadas a ojos del lector.

Madrid, noviembre de 2011

Parte I

Enfoque lingüístico, lectura y fonética

0. Enfoque lingüístico

Antes de comenzar el estudio del egipcio, conviene presentar el enfoque lingüístico adoptado y la terminología empleada.

Según Claude Hagège,[4] el estudio de una lengua se puede realizar desde tres perspectivas diferentes: la morfosintaxis, la semántica y la enunciación.

La morfosintaxis estudia las formas (morfología), las funciones en la cadena hablada o escrita (sintaxis) de los elementos de una lengua y los valores lingüísticos de los sonidos (fonética). Morfología, sintaxis y fonética constituyen la gramática (normas) y el léxico (conjunto de palabras sobre el que se aplica una gramática) de una lengua.

La semántica estudia la relación entre los elementos formales y los significados que expresan. Se puede distinguir la semántica lexical de la gramatical.

La enunciación[5] o pragmática[6] estudia las estrategias del emisor (quien habla o escribe) para transmitir la información al receptor (quien escucha o lee).

Se trata aquí, simplemente, de explicar de manera clara algunos conceptos básicos de cada uno de estos tres puntos de vista para que no haya lugar a confusión al usarlos más adelante.

Una proposición[7] es un conjunto de palabras que aporta un sentido completo y que está formado según unas normas gramaticales.

Desde el punto de vista sintáctico, una proposición está formada por un sujeto (S) y un predicado (P). El predicado es lo que se dice sobre el sujeto; el sujeto, aquello sobre lo que se dice algo. La proposición puede ser simple (si sólo tiene un predicado) o compleja (si tiene más de uno). Las proposiciones están formadas por sintagmas (grupos de palabras) que desempeñan una función sintáctica: las que hemos mencionado, sujeto y predicado, son las funciones constitutivas de la proposición. A un nivel inferior a estas dos hay otras: objeto directo (OD), objeto indirecto (OI), complemento de dirección

---

[4] Su obra de referencia es *L'homme de paroles: contribution linguistique aux sciences humaines* (París: Fayard, 1996). Hagège se basa, en este punto, en el trabajo de la escuela funcionalista de Praga; en concreto véase F. Daneš, "A three-level approach to syntax", en *Travaux linguistiques de Prague*, I. Praga, 1964, 225-240. Para una visión general (y rápida) de este enfoque teórico, véase recientemente E. Smirnova & T. Mortelmans, *Funktionale Grammatik: Konzepte und Theorien* (Berlín: De Gruyter, 2010).

[5] Éste es el término de tradición francesa.

[6] Éste es el término de tradición anglosajona.

[7] Términos tradicionales en español son: frase y oración.

(CD), complemento circunstancial (CC), complemento de nombre (CN), etc. Tanto una proposición como un sintagma, al igual que una palabra, poseen una estructura acentual (entonación) que estudia la prosodia.

Desde el punto de vista semántico, en una proposición se distingue la actancia[8] y la temporalidad. Actancialmente, una proposición está formada por actantes[9]. El actante que actúa se llama agente; y el que sufre la acción, paciente. Las proposiciones con esta forma se llaman biactanciales. Hay otras proposiciones con un solo actante, que es llamado único. Estas proposiciones son monoactanciales. También hay proposiciones triactanciales, en las que, además del agente y del paciente, hay un beneficiario de la acción. Por último, hay proposiciones sin actantes, llamadas cero-actanciales. Por ejemplo:

Tipo de proposición	Ejemplo	Actancia
cero-actancial	*Llueve*	verbo
monoactancial	*Ella existe*	único + verbo
biactancial	*Él come patatas*	agente + verbo + paciente
triactancial	*Él da regalos a los niños*	agente + verbo + paciente + beneficiario

En cuanto a la temporalidad[10], se distingue aquí el tiempo, el aspecto y el modo de acción[11], siguiendo los criterios generales introducidos por primera vez por Reichenbach[12], para los dos primeros conceptos, y por Vendler[13], para el último. En toda proposición hay tres puntos temporales: el momento de la enunciación (E), el de referencia (R) y el de la acción (A). Así, en la proposición *Ayer vino un hombre*, E = el momento en que la pronuncia el emisor; R = ayer; A = el momento de venir. La relación entre R y E es el tiempo; la relación entre R y A es el aspecto. Según esto, hay tres tiempos: pasado (R es anterior a E), presente (R es contemporáneo de E) y futuro (R es posterior a E). Y dos aspectos: perfectivo (R engloba A) e imperfectivo

---

[8] Se llama también valencia, en la tradición francesa y alemana sobre todo. Véase G. Lazard, *L'actance* (París: Presses Universitaires de France, 1994).

[9] O participantes.

[10] Véase R.I. Binnick, *Time and the verb* (Oxford: Oxford University Press, 1991); W. Klein, *Time in language* (Londres: Routledge, 1994).

[11] 'Modo de acción' es una traducción del término alemán *Aktionsart* que se usa mucho.

[12] H. Reichenbach, *Elements of symbolic logic* (Londres: Collier-MacMillan, 1947; reed Nueva York: The Free Press, 1966).

[13] Z. Vendler, "Verbs and times", *Philosophical review* 66 (1957), 143-160.

(R no engloba A). El ejemplo elegido se puede representar como sigue:

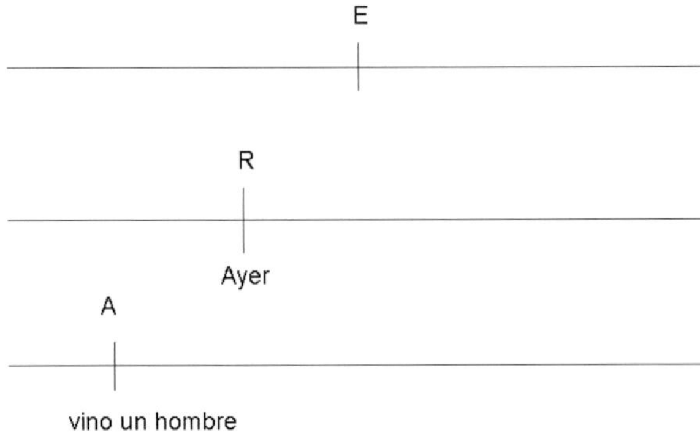

Desde el punto de vista enunciativo, el enunciado se compone de tema (la parte menos informativa) y de rema (la parte más informativa). En un enunciado neutro, el tema coincide con el sujeto y el rema con el predicado. Si se invierte esta equivalencia se habla de tematización (un elemento que es normalmente rema se convierte en tema) y de rematización (lo contrario). Si se marca de manera explícita la tematización se habla de topicalización; si la rematización, de focalización. Los enunciados con tematización, topicalización, rematización y focalización se llaman enunciados marcados. Así por ejemplo:

	Enunciado neutro	*Este hombre es mi padre*
Enunciado marcado	tematización	*Este hombre, él es mi padre*
	topicalización	*En cuanto a este hombre, él es mi padre*
	rematización	*Es mi padre, este hombre*
	focalización	*Es sin duda mi padre, este hombre*

Por último, éstas son, en un cuadro, las correspondencias más frecuentes de los elementos básicos de una proposición según los tres puntos de vista:

Morfosintaxis	Sujeto	Predicado (verbo + OD + OI, etc.)
Semántica	Agente / Único	Acción + Paciente + Beneficiario
Enunciación	Tema	Rema

1. La lengua egipcia y su estudio

1.1. Clasificación de la lengua egipcia

La genealogía[14] del egipcio es clara, puesto que pertenece a la familia de lenguas camito-semíticas (o afro-asiáticas). Pero su posición en esa familia no lo es tanto. En efecto, esta familia de lenguas presenta una división nítida, como su propio nombre indica, entre las lenguas semíticas (que muestran una cohesión gramatical y lexical notable) y las camíticas (que son mucho más dispares).

Las lenguas semíticas se subdividen en tres grupos: noroccidental (hebreo, ugarítico, fenicio, cananeo, arameo), oriental (acádico, eblaíta, babilónico, asirio) y meridional (árabe, lenguas sudarábigas, lenguas etiópicas).

Dentro de las camíticas, se distinguen los grupos siguientes: bereber (tuareg, libio antiguo, lenguas bereberes actuales), chádico (hausa, entre otras), cushítico (bedya, entre otras), omótico (lenguas de Etiopía y Kenia no pertenecientes a las semíticas ni a los grupos lingüísticos del África subsahariana) y egipcio.

Se ve, por lo tanto, que el egipcio forma un grupo por sí solo. Además, sus características, tanto como su posición geográfica, muestran un cierto grado de "mezcla" entre lo semítico y lo camítico. De ahí que el egipcio sea de difícil clasificación dentro de esta familia.

En cuanto a su tipología, se trata de una lengua acusativa[15], de orden VSO[16] para la proposición de predicado verbal. Este orden se ve alterado a causa de la prosodia. El egipcio es una lengua con un acento proposicional (o sintagmático) muy marcado, lo que hace que las unidades débiles prosódicamente (breves y átonas), se apoyen en las fuertes (largas y tónicas), produciéndose las variaciones siguientes:

---

[14] Adscripción de una lengua a una "familia" de lenguas.

[15] Las lenguas acusativas marcan de igual manera el sujeto de un verbo transitivo que el de un verbo intransitivo, utilizando una marca distinta para el objeto de un verbo transitivo. Las lenguas opuestas a éstas son las lenguas ergativas, que marcan igual el sujeto de un verbo intransitivo que el objeto de un verbo transitivo, utilizando una marca diferente para el sujeto de un verbo transitivo. La mayor parte de las lenguas del mundo pertenecen a uno de estos dos grupos tipológicos, pero existen otros tipos.

[16] V – verbo; S – sujeto; O – objeto. Es el orden predominante de la proposición de predicado verbal, ya que las proposiciones formadas por la forma verbal llamada pseudoparticipio presentan un orden SVO.

V	S nominal	O nominal	Otros[17] nominales
	O pronominal	S nominal	Otros nominales
	Otros pronominales	S nominal	O nominal
	Otros pronominales	O pronominal	S nominal
	S pronominal	O nominal / pronominal	Otros nominales
	S pronominal	Otros pronominales	O nominal / pronominal

Con un ejemplo quedará más claro: *Un hombre da pan a una mujer*, podrá ser:

di͗ (da)	*z* (hombre)	*t* (pan)	*n z.t* (a mujer)
di͗ (da)	*.f* (él)	*t* (pan)	*n z.t* (a mujer)
di͗ (da)	*n.s* (a ella)	*z* (hombre)	*t* (pan)
di͗ (da)	*n.s* (a ella)	*sw* (lo)	*z* (hombre)
di͗ (da)	*.f* (él)	*t* (pan) / *sw* (lo)	*n z.t* (a mujer)
di͗ (da)	*.f* (él)	*n.s* (a ella)	*t* (pan) / *sw* (lo)

[17] Normalmente, se trata del complemento indirecto, pero los cambios de posición también afectan a otros complementos.

La estructura morfosintáctica de la lengua egipcia cambió a lo largo de su historia de una manera notable. Esto no es de extrañar. Las lenguas son sistemas que cambian con el tiempo y la documentación del egipcio abarca casi cuatro mil años (desde el 3150 a. Jc. hasta el s. XVI d. Jc.), lo cual es un caso casi único en el mundo de continuidad lingüística[18].

El egipcio de la primera fase (egipcio antiguo y medio) presenta una estructura sintética: los "satélites" (elementos de determinación nominal y verbal) se apoyan en los "núcleos", formando unidades prosódicas, es decir, palabras.

El egipcio de la segunda fase (neoegipcio y demótico) presenta una estructura analítica: los "satélites" pueden formar palabras por sí mismos.

El copto, por último, tiene una estructura polisintética: las palabras vuelven a unirse a causa del fuerte acento sintagmático, creándose largas unidades prosódicas capaces de expresar sintagmas enteros.

1.2. Historia de la lingüística egipcia

Tras la entrada en vigor, en 392, de edicto de Teodosio, que conlleva la prohibición de toda religión que no sea la cristiana en el Imperio Romano, comienza el proceso de olvido de la cultura egipcia y, con ella, de su lengua y escritura. La arabización (desde el s. VI) e islamización de Egipto, acaban este proceso definitivamente: el copto pasa a convertirse, poco a poco, de lengua vernácula en lengua litúrgica, curiosamente, de los cristianos de Egipto, conocidos como coptos[19].

En el s. XVII, Athanasius Kircher, si bien fracasa en el desciframiento de los jeroglíficos, manifiesta la opinión de que el copto está relacionado con el egipcio faraónico.

Jean-François Champollion, retomando esa idea de Kircher, consigue no solamente descifrar la escritura jeroglífica (1822), sino también traducir los textos jeroglíficos, hieráticos y demóticos. Además, escribe la primera gramática, el primer diccionario y varias obras fundamentales sobre la cultura faraónica, como el primer tratado sobre la religión egipcia. Esto lo convierte en el fundador de la Egiptología como ciencia, siendo el primer catedrático de esta materia, en el Collège de France (1831).

En el s. XIX, destacan Lepsius, Goodwin y Brugsch, que establecen, de

[18] Otro caso comparable es el del chino

[19] *Quft* ('copto'), a su vez derivado del griego *Aigyptos* ('Egipto'), es el término árabe para referirse a los egipcios autóctonos.

forma sistemática, los valores de los signos jeroglíficos, hieráticos y demóticos, respectivamente. En ese mismo siglo, De Rougé sienta las bases del estudio filológico. Brugsch, además, es el primero en notar ciertos parecidos entre el egipcio y las lenguas semíticas.

El paso del s. XIX al s. XX está marcado por Adolf Erman, que determina el vínculo entre el egipcio y el semítico, las fases lingüísticas del egipcio (Egipcio Antiguo, Egipcio Medio, Neoegipcio, Demótico y Copto) y el método filológico moderno (tipos de texto, forma de transcripción, etc.), escribiendo dos gramáticas de gran influencia (la de egipcio medio y la de neoegipcio) y determinando los textos fundamentales en diferentes áreas culturales (literatura, religión, etc.). Por último, publica, junto a Hermann Grapow, el diccionario egipcio – alemán que sigue siendo referencia actualmente.

En el primer tercio del s. XX hay tres grandes filólogos: Kurt Sethe, Alan H. Gardiner y F.Ll. Griffith: Sethe hizo un trabajo inmenso en el campo filológico (la edición de la serie *Urkunden* y la edición y comentario de los Textos de las Pirámides, fundamentalmente) y lingüístico (su trabajo sobre el alef protético y su estudio sobre el verbo egipcio); Gardiner escribió la gramática de egipcio medio que ha sido la referencia hasta 1999, y que sigue siendo fundamental, aparte de gran cantidad de estudios filológicos, principalmente sobre literatura; Griffith, por su parte, amplió los conocimientos filológicos del hierático y del demótico, siendo el descifrador del meroítico. En esta misma época, destaca, en lingüística, el trabajo pionero de Battiscombe Gunn sobre la sintaxis del egipcio.

Hacia mitad del s. XX, aparte de grandes logros filológicos entre los que merece mención aparte la edición de los Textos de los Sarcófagos por parte de Adriaan de Buck, de la publicación de la gramática sobre el antiguo egipcio de Elmar Edel y de los pioneros avances en estilística, fonética y lingüística de corpus de la mano de Fritz Hintze,[20] los estudios lingüísticos del egipcio se revolucionan con los trabajos de Hans Jakob Polotsky sobre los tiempos segundos (una serie de formas verbales que enfatizan las circunstancias del predicado)[21] y las transposiciones sintácticas (las formas verbales cambiarían según su función "sintáctica" fuera nominal, adjetival o adverbial).[22]

---

[20]La mayor parte publicados en la revista *Zeitschrift für Phonetik und Allgemeine Sprachwissenschaft.*

[21]Sobre todo, *Études de syntaxe copte* (El Cairo: Société d'Archéologie Copte, 1944); "Egyptian tenses", *Israel Academy of Sciences and Humanities Proceedings* 2/5 (1965), 1-25.

[22]"Les transpositions du verbe en égyptien classique", *Israel Oriental Studies* 6 (1976), 1-50.

La influencia de la obra de Polotsky ha llegado hasta nuestros días. Por un lado, generó una corriente de análisis formalista, estructuralista en un sentido amplio, que se denominó, sin mucha perspectiva histórica, "teoría standard" (*Standardtheorie*)[23]. Por otro lado, surgieron nuevos estudios que revisan las aportaciones de Polotsky, en particular las relativas a las transposiciones, inscribiéndose en enfoques post-estructuralistas. Con un reconocimiento, en diversos grados según los autores, de nuestro desconocimiento de la morfología verbal egipcia a causa de la ausencia de notación vocálica en el sistema de escritura egipcio, estos enfoques se han centrado en la relación de la morfosintaxis con la semántica, la comunicación y la producción textual. Se trata de contribuciones que se instalan, remiten o simplemente se inspiran, teórica o metodológicamente, en el funcionalismo,[24] la pragmática,[25] el cognitivismo,[26] la gramática histórica,[27] la lingüística de corpus[28] o la informática lingüística.[29]

---

[23] L. Depuydt, "The Standard theory of the 'emphatic' forms in Classical (Middle) Egyptian: a historical survey", *Orientalia Lovaniensia Periodica* 14 (1983), 13-54. Un manual didáctico de esta teoría (con modificaciones en sus varias ediciones) es W. Schenkel, *Tübinger Einführung in die klassisch-ägyptische Sprache und Schrift* (Tübingen: Wolfgang Schenkel, 2012; 1ª de. 1991), recién traducido al español por Roberto Díaz: *Gramática de egipcio clásico* (Alicante: Club Universitario, 2015). Para una crítica de la "teoría standard", véase P. Vernus, *Les parties du discours en moyen égyptien. Autopsie d'une théorie*, Cahiers de la Société d'Egyptologie 5 (Ginebra: Société d'Egyptologie de Genève, 1997).

[24] Por ejemplo, M. Malaise y J. Winand, Grammaire raisonnée de l'égyptien classique (Lieja: CIPL, 1999); J. Winand, *Temps et aspect en égyptien: une approche sémantique*, Probleme der Ägyptologie, 25 (Leiden: Brill).

[25] S. Uljas, *The modal system of Earlier Egyptian complement clauses: a study in pragmatics in a dead language*, Probleme der Ägyptologie 26 (Leiden:Brill, 2007).

[26] R. Nyord, "Cognitive Linguistics", *UCLA Encyclopedia of Egyptology*, 2015 (http://digital2.library.ucla.edu/viewItem.do?ark=21198/zz002k44p6).

[27] Pascal Vernus ha dedicado numerosos estudios a los procesos de gramaticalización, por ejemplo *Future at issue*, Yale Egyptological Studies 4 (New Haven: Yale Egyptological Seminar). Véase los dos recientes trabajos, ya fundamentales en esta área, de Andréas Stauder: *Linguistic dating of Middle Egyptian literary texts*, LingAeg – StudMon 12 (Hamburgo: Widmaier, 2013) y *The Earlier Egyptian passive: voice and perspective*, LingAeg – StudMon 14 (Hamburgo: Widmaier, 2014); también las introducciones históricas de Antonio Loprieno (1995) y James P. Allen (2013), citadas en la bibliografía final.

[28] C. Gracia Zamacona, *Les verbes de mouvement dans les Textes des Sarcophages*, tesis doctoral (París: École Pratique des Hautes Études, 2008); "A database for the Coffin Texts", en S. Polis & J. Winand (eds.), *Texts, languages and information technology in Egyptology*, AegLeod 9 (Lieja: Presses Universitaires de Liège, 2013), 139-155; "Tests on verbal Aktionsart applied to Ancient Egyptian", *Afrikanistik und Aegyptologie Online*, 2015 (https://www.afrikanistik-aegyptologie-online.de/archiv/2015/auto1426069292.91/).

[29] S. Rosmorduc, "Computational Linguistics in Egyptology", *UCLA Encyclopedia of Eg-*

2. Lectura y fonética

2.1. Tipos de escritura y fases lingüísticas

La lengua egipcia se escribió desde sus orígenes (hacia 3150 a.Jc.) por medio de dos códigos: el jeroglífico y el hierático.

El primero está formado por signos icónicos, es decir, reconocibles a primera vista (unos más, otros menos) como entidades u objetos del mundo real. El segundo utiliza los mismos signos "esquematizados" en sus rasgos icónicos más característicos, guardando así lo fundamental de su iconismo, pero permitiendo al mismo tiempo que se pueda escribir más deprisa (es una forma de escritura cursiva).

Se suele asociar, por un lado, el código jeroglífico con el soporte pétreo y el contenido sagrado, y, por otro, el código hierático con el papiro y con el contenido profano. Esto es, a grandes rasgos, cierto, pero hay casos en que esta situación se invierte total o parcialmente. Además, hay un código a caballo entre el jeroglífico y el hierático, llamado jeroglífico cursivo o linear, que se utilizó especialmente en textos funerarios.

Ambos códigos, jeroglífico y hierático, al igual que el demótico (más tardío), responden a un único sistema de escritura que no se abandonará hasta la aparición de la escritura copta. Es justamente el sistema de escritura pre-copta (en su código jeroglífico) aquél sobre el que versa este curso y que se describe en el parágrafo siguiente.

Una variante del código jeroglífico es el código ptolemaico (en uso en época ptolemaica y romana), que se caracteriza por una ampliación del número de signos (de unos 800 a casi 10.000)[30], con variaciones de muchos valores de los signos.

El código demótico, que aparece hacia el s. VII a.Jc., sigue el sistema de escritura mencionado, pero añade elementos que pueden calificarse de taquigráficos. En efecto, en demótico hay signos que resultan de la amalgama de varios signos del sistema de escritura egipcio pre-copto, como si fueran abreviaturas sintéticas de ellos. Este código es de una dificultad de lectura extrema, de manera que los demotistas (especialistas en demótico) son escasos y, dentro de la egiptología, un grupo muy individualizado.

---

yptology, 2015 (http://digital2.library.ucla.edu/viewItem.do?ark=21198/zz002jh4wt).

[30] Esta afirmación ha sido recientemente puesta en duda, sosteniendo una estabilidad notable del sistema (1.500-2.000 signos) a lo largo de toda su historia, según los criterios de análisis que se apliquen: véase Ph. Collombert, "Combien y avait-il de hiéroglyphes?", *Égypte, Afrique et Orient* 46 (2007): 35-48.

En cuanto al código copto, se trata de una escritura de signos alfabéticos tomados del alfabeto griego a los que se añaden unos pocos para escribir los sonidos egipcios inexistentes en griego. Es, por lo tanto, un alfabeto y, como tal, completamente distinto al sistema de escritura pre-copto.

Por último, los códigos llamados hierático anormal, copto antiguo y criptográfico, son de importancia menor. El hierático anormal presenta rasgos del demótico, lo cual hace que sea de difícil lectura. El copto antiguo es código copto utilizado antes de la fase lingüística copta. En cuanto a la escritura criptográfica, es un código dentro del código, ya que su fin es hacer difícil la lectura o jugar con los signos gráficos, de manera consciente.

Una observación final: no hay que confundir los códigos de escritura egipcios (el pre-copto y el copto) con los periodos de la lengua egipcia. Tal confusión es posible, en un principio, ya que términos como 'demótico' y 'copto' se utilizan para referirse a ambos conceptos. Para evitar tal posible confusión, véase la siguiente tabla:

Fase	*Periodo lingüístico*		*Código de escritura*
1ª	Egipcio Antiguo		Jeroglífico y hierático
	Egipcio Medio		Jeroglífico y hierático
2ª	Neoegipcio	Egipcio de tradición[31]	Jeroglífico y hierático
	Demótico		Jeroglífico, jeroglífico ptolemaico, hierático, demótico, hierático anormal y copto antiguo
	Copto		Copto

2.2. Los signos del sistema de escritura egipcia pre-copto, la fonética y la transcripción del egipcio.

El sistema de escritura llamado en el parágrafo anterior sistema de escritura egipcia pre-copto es el que vamos a describir en este manual, en su código jeroglífico. Este sistema de escritura, que es, como se ha dicho, común a los otros códigos pre-coptos (hierático y demótico, sobre todo), es un sistema de escritura mixto. Esto quiere decir que, a diferencia de, por ejemplo, un alfa-

[31] El egipcio de tradición es egipcio medio utilizado en textos arcaizantes (literarios, religiosos, etc.) de épocas posteriores. El término es de Pascal Vernus.

beto, donde todos los signos tienen la misma función (en el caso del alfabeto, representar sonidos), los signos desempeñan funciones diferentes. En la escritura egipcia hay, según su función, tres tipos de signos distintos: fonogramas, ideogramas y determinativos. Desde el punto de vista icónico, hay ideogramas cuya construcción es muy particular, los monogramas y las amalgamas[32] (pero funcionalmente son ideogramas).

Fonogramas

Los fonogramas representan los sonidos consonánticos de la lengua egipcia. Hay quien piensa que, en algunas ocasiones, algunos pueden escribir también vocales. Aquí, por razones de claridad, nos ceñiremos a la idea de que sólo se escribían las consonantes egipcias. Atendiendo al número de consonantes que cada signo escribe, los fonogramas se suelen clasificar en monolíteros, bilíteros y trilíteros, que escriben, respectivamente, 1, 2 y 3 consonantes.

Los monolíteros (mal llamados, a veces, "alfabeto egipcio") nos permiten conocer, con cierta aproximación, la fonética consonántica egipcia. Ésta consiste en 25 (según algunos hay más) fonemas que se ordenan de la manera siguiente, sabiendo que Sd significa 'Sorda', So 'Sonora', N 'Nasal' y E 'Enfática':

Punto de articulación	Modo de articulación									
	Oclusiva				Africada	Fricativa		Líquida		Semiconsonante
Labial	*p*	*b*	*m*							*w*
Labiodental						*f*				
Dental	*t*	*d*			*ḏ*	*s*	*z*			
Alveolar			*n*		*ṯ*				*r*	
Palatal						*š*			*l*	*i*
Velar	*k*	*g*				*ẖ*				
Uvular				*q*		*ḫ*				
Faringal						*ḥ*	ʿ			
Glotal	*ꜣ*					*h*				
Cuerdas vocales	Sd	So	So+N	E	Sd	Sd	So	Sd	So	So

En la transcripción, se utilizan los signos de la tabla precedente. Los ele-

[32] El término es de M. Malaise & J. Winand, *Grammaire raisonnée de l'égyptien classique*, § 1085.

mentos derivativos (como la terminación del femenino, por ejemplo) se separan por un punto (p.ej., *nfr* 'bueno', *nfr.t* 'buena'). Por su parte, los elementos de composición se unen por un guión (p.ej., *ẖr.t-nṯr* 'necrópolis', literalmente, 'lo que pertenece al dios').

En cuanto a la lectura de las palabras egipcias, al no conocer las vocales, se usa la convención de poner una *e* entre las consonantes. Las consonantes *ꜣ* y *ꜥ* se pronuncian *a*; la *i͗*, se pronuncia *y*; la *w* se pronuncia *u* o *w*. Pero esto no es sino una convención. En realidad, la lectura del egipcio pre-copto, por extrapolación de la copta, algunos indicios gráficos pre-coptos y las transcripciones de palabras egipcias en otras escrituras (principalmente, la cuneiforme y la griega), responde al principio de la introflexión: cada palabra sólo posee un acento tónico que, en el caso de las palabras polisilábicas, recae en la penúltima sílaba; para mantener la posición del acento, cuando se añade alguna sílaba, la estructura silábica de la palabra cambia.

Por ejemplo, las palabras *nfr* 'bello, bueno' y *nfr.t* 'bella, buena', se debieron de pronunciar algo así, teniendo en cuenta que V significa 'vocal acentuada', v 'vocal átona', : 'vocal precedente larga', ə 'vocal muy breve incolora' y – 'frontera de sílaba':

nfr = *n*V: – *f*v*r*
nfr.t = ə*n* – *f*V: – *r*v*t*

La vocal ə es la que se llama alef protético. En la transcripción, se marca generalmente con *i͗* seguida de punto si es representada en la escritura jeroglífica por o por el grupo , donde el determinativo indica, justamente, que no se trata de una consonante perteneciente a la estructura de la palabra (en el caso que nos ocupa, las consonantes son *n*, *f* y *r*), sino de un apoyo vocálico para poder pronunciar una palabra que, de otra manera, tendría que comenzar por dos consonantes.

Del principio de la introflexión que acabamos de ver se desprenden las normas siguientes:

- ninguna sílaba comienza por vocal plena (es decir, excluido el *alef protético*) ni por dos consonantes;
- toda vocal en sílaba abierta (no acabada en consonante) es larga; y
- toda vocal en sílaba cerrada (acabada en consonante) es breve.

En *status constructus*[33], las palabras pierden su acento (p. ej., *ns.w-bi͗.ty*

[33] Una palabra está en este estado cuando depende prosódicamente de la que le sigue (composición, genitivo directo).

‘rey’ se pronuncia ə*n* – *s*v*w* – *b*V*i̯* – *t*v*y*[34]). En *status pronominalis*[35], la estructura silábica de una palabra cambia (p. ej. 𓊹 *nṯr* ‘el dios’ *n*V: – *ṯ*v*r*; *nṯr.f* ‘su dios’ ə*n* – *ṯ*V: – *r*v*f*).

Tras estas palabras sobre fonética, veamos los fonogramas que representan una sola consonante.

Estos son los 24 signos monolíteros:

Monolítero	Valor icónico	Transliteración	Valor fonético
𓄿	Alimoche (Neophron percnopterus)	*ꜣ*	Alef semítica (inexistente en español; silencio producido por un golpe de la glotis)
𓇋 / 𓇌 (𓏭)	Junco / Dos juncos	*i̯* / *y*	Yod semítica (semiconsonante, como la *y* del español en ‘hoy’)
𓂝	Brazo	*ꜥ*	Ayin semítica (inexistente en español; fricativa sonora laringal)
𓅱 (𓏲)	Polluelo de codorniz	*w*	Waw semítica (semiconsonante, como la *u* del español en ‘huevo’)
𓃀	Parte inferior de la pierna	*b*	Como la *b* en español
𓊪	Estera	*p*	Como la *p* en español
𓆑	Víbora cornuda	*f*	Como la *f* en español
𓅓	Lechuza	*m*	Como la *m* en español
𓈖	Línea de agua	*n*	Como la *n* en español (a veces también *l*)

[34] En el imperio nuevo, esta palabra se transcribía en acádico *in-si-bi-a*, por caída de la *t* y de las semiconsonantes en posición final de sílaba.

[35] Una palabra está en este estado cuando se le añade un sufijo, lo que hace que su estructura silábica cambie.

Monolítero	Valor icónico	Transliteración	Valor fonético
𓂋	Boca	*r*	Como la *r* en español (a veces también *l*)
𓉔	Refugio	*h*	Como la *h* del inglés en *hello*
𓎛	Trenza de lino	*ḥ*	Inexistente en español; fricativa sorda laringal
𓐍	¿Placenta o cedazo?	*ḫ*	Como la *j* en español
𓄡	¿Vientre con mamas?	*ẖ*	Como la *ch* del alemán *Ich*
𓊃	Cerrojo	*z*	Como la *s* del inglés *rose*
𓋴	Pieza de tela	*s*	Como la *s* en español
𓈙	Estanque	*š*	Como la *sh* del inglés *she*
𓈎	Pendiente	*q*	Inexistente en español; *k* enfática
𓎡	Cesto con asa	*k*	Como la *k* en español
𓎼	Soporte de vasija	*g*	Como la *g* del español en 'haga'
𓏏	Pan	*t*	Como la *t* en español
𓍿	Atadura para ganado	*ṯ*	Como la *ch* en español
𓂧	Mano	*d*	Como la *d* en español
𓆓	Cobra	*ḏ*	Como la *z* en italiano

Los signos bilíteros responden a las necesidades fonotácticas[36] del egipcio. He aquí los principales (95):

ꜣw	*bḥ / ḥw*	*nn*	*ḫw*	*kꜣ*
ꜣb / mr	*pꜣ*	*nḥ*	*ḫt*	*km*
ꜣḫ	*pr*	*ns*	*ẖꜣ*	*gs*
iw	*pḥ*	*nḏ*	*ẖn*	*tꜣ*
ib	*mꜣ*	*rw*	*ẖr*	*tꜣ*
im	*mn*	*hb*	*zꜣ*	*ti*
im	*mn*	*ḥꜣ*	*sꜣ*	*tp*
in	*mr > mi*	*ḥw / bḥ*	*sw*	*tm*
ꜥꜣ	*mr > mi*	*ḥp*	*sm*	*ṯꜣ*
ꜥb	*mr*	*ḥm*	*sn*	*ṯs*
ꜥq	*mr / ꜣb*	*ḥm*	*sk*	*ḏi > di*
ꜥḏ > ꜥd	*mḥ*	*ḥn*	*sṯ > st*	*ḏi > di*

[36] La fonotaxis es la parte de la fonética relativa a los contactos que se producen entre los sonidos de una lengua. Por ejemplo, del latín *substantia* se llega al español *sustancia*, por medio de dos procesos fonotácticos: la caída de la *b* entre dos consonantes iguales (las *s*) y porque la vocal que la precede es labial como la *b*, y el cambio de la *t* en *c* por efecto de la cercanía de la *i*.

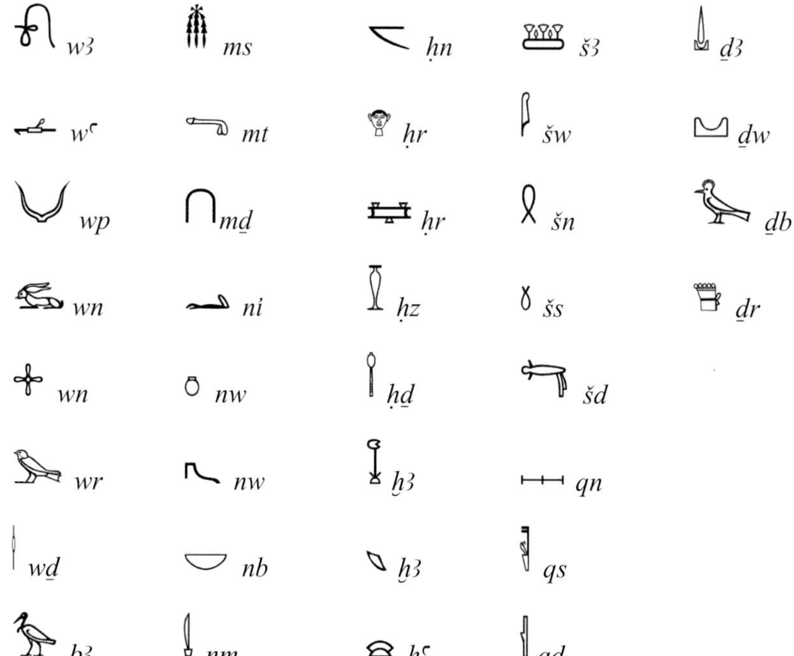

El estatus de los trilíteros como fonogramas es más que dudoso. La razón de que se mencionen aquí es que tales términos se usan en algunos estudios egiptológicos. Es mejor, sin embargo, considerarlos ideogramas.

Aun así, por razones prácticas, se incluye aquí una lista de los principales trilíteros (89):

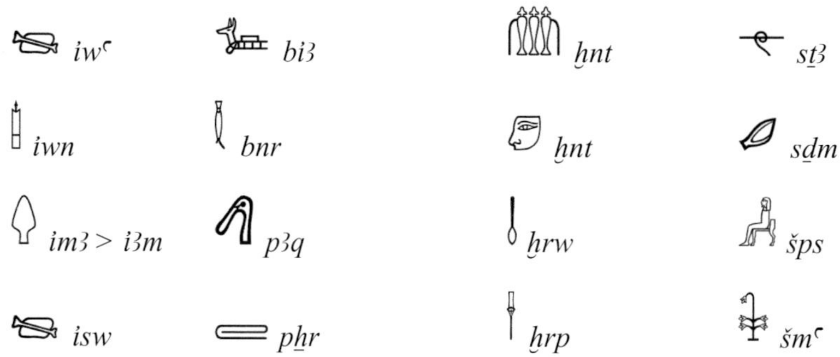

[37] Este signo es, de hecho, un monograma (ver más abajo).

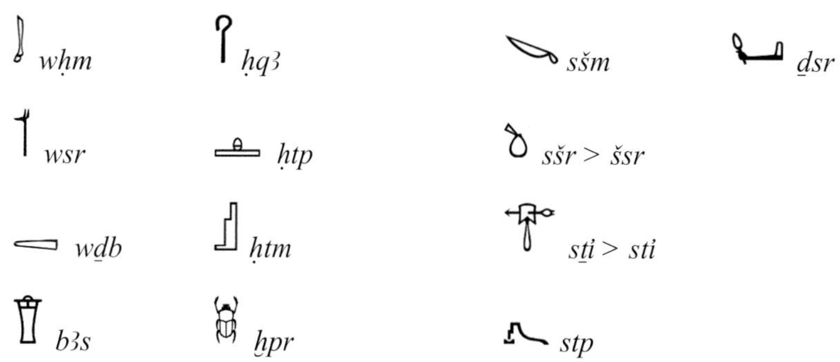

Ideogramas

Los ideogramas son signos que expresan una idea (no un sonido ni un grupo de sonidos), pero que se leen (esto es, se pronuncian). No tienen por qué significar la imagen con la que están hechos (ésos son los pictogramas), ni una palabra entera (ésos son los logogramas), aunque lo pueden hacer.

En general, significan una idea relacionada con la imagen que los forma. La imagen y la idea están relacionadas, básicamente, por medio de dos procedimientos: la metáfora y la metonimia. Por explicarlo en dos palabras: en la metáfora, la relación entre los dos términos no es directa; en la metonimia, al contrario, tal relación es directa. Un caso de metáfora es utilizar el signo (una jirafa) para expresar el verbo *sr* 'anunciar'. Un caso de metonimia es utilizar el signo (una vela de barco) para expresar el nombre *ṯꜣw* 'aire, viento'.

Un ideograma puede ser reutilizado como fonograma por medio de una metáfora fónica, es decir: por los sonidos que contiene. Para evitar la ambigüedad entre ambos usos (como ideograma y como fonograma) se puede marcar el ideograma con un trazo vertical detrás o debajo de él. Así, significa 'casa' (en egipcio *pr*). Por el contrario, el signo sin el trazo representa la secuencia consonántica *pr*, y puede ser usado para escribir palabras que contengan tal secuencia, aunque su significado no tenga nada que ver con 'casa'. ¿Nada que ver? Hay veces que no está tan claro y que se puede rastrear una conexión semántica entre las dos palabras en que aparece un signo de este tipo. Dicho en otras palabras, puede haber una especie de "etimología visual".

He aquí una lista de los ideogramas (pictogramas)[38] más frecuentes (19):

iw ‘isla’ *wp.t* ‘coronilla’ *mn.w* ‘maza’ *ḥr* ‘cara’ *s.t* ‘asiento, sede’

ir.t ‘ojo’ *bi.t* ‘abeja’ *niw.t* ‘ciudad’ *ḥr.(w)* ‘Horus’ *sbꜣ* ‘estrella’

ꜥ ‘brazo’ *p.t* ‘cielo’ *r* ‘boca’ *ḥz.t* ‘aguamanil’ *ḏw* ‘montaña’

wꜣ.t ‘camino’ *pr* ‘casa’ *rꜥ* ‘Ra’ *ḫt* ‘madera’

Y éstos son algunos logogramas[39] (13):

iw ‘venir’[40] *ḥwi* ‘golpear’ *sw.t* ‘sombra’ *sṯi* ‘asaetear’

wḥꜥ ‘pescar’ *ḫꜣs.t* ‘extranjero’ *spd* ‘ser agudo’ *sḏm* ‘oír’

pꜣi ‘levantar el vuelo’ *ḫni* ‘remar’ *smsw* ‘ser viejo’ *špsi* ‘ser noble’

Como se ha dicho más arriba, desde el punto de vista icónico, hay dos tipos de ideogramas especiales: los monogramas y las amalgamas. Ambos tipos son muy pocos en número, formando subsistemas muy cerrados dentro del sistema general jeroglífico.

Los monogramas están formados por la unión en un solo signo de un ideograma o un fonograma polilítero con un determinativo. Técnicamente, los

[38] Nótese que se trata de nombres.

[39] En este caso, se trata mayormente de verbos y adjetivos.

[40] El verbo ‘venir’ utiliza dos raíces: *ii* (escrita con el monograma) e *iw* (escrita con el ideograma).

monogramas son logogramas. Icónicamente, son representaciones esquemáticas de ideas y / o sonidos: es decir, son ideogramas esquemáticos. He aquí los más estables (consagrados por el uso), que son muy frecuentes:

ii 'venir' *iṯi* 'llevarse' *zbi* 'pasar' *šm* 'irse'

ini 'traer' *rdi* 'dar' *sšm* 'guiar'

Hay otros, de uso más esporádico:

šzp 'recibir' *š3s* 'recorrer las marismas' *šms* 'seguir'

En cuanto a las amalgamas, forman un grupo aún más restringido que los monogramas. Son signos que expresan una idea por medio de la unión de dos ideogramas, si bien éstos se distinguen perfectamente (normalmente uno contiene a otro o se cruza con él). Es el caso de *ḥw.t-ḥr* 'Hathor'[41] y de *wp-rnp.t* 'Día de Añonuevo'[42]. También hay amalgamas de fonogramas (como en lugar de), pero éstas parecen debidas más a una cuestión práctica de espacio gráfico que a una causa funcional.

Determinativos

Los determinativos son signos que no se leen: tienen un valor segmental como marcadores de fin de palabra[43] y también son clasificadores que permiten incluir las palabras en categorías que, para los egipcios, eran significativas a la hora de ordenar la realidad.[44]

[41] Literalmente, 'la mansión de Horus'.

[42] Literalmente, 'el que abre el año'.

[43] El asunto es más complejo de lo que puede parecer. Se tendrá en cuenta en todo caso que "palabra" tiene un sentido amplio aquí: como palabra escrita (más que fonética), pero también como palabra "nuclear" o lexema básico (sin extensiones o reduplicaciones, por ejemplo).

[44] Véase, en última instancia, G. Roquet, "Savoir et pratique linguistiques dans l'Égypte pharaonique et copte", en S. Auroux (ed.), *Histoire des idées linguistiques I: La naissance des métalangages en Orient et Occident* (Liège & Bruxelles: Mardaga, 1989), 119-138. Sobre su valor como clasificadores, un tema de interés actual, véase por ejemplo C. Gracia Zamacona, "Les déterminatifs de mouvement et leur valeur linguistique", *Göttinger*

A nivel lingüístico, los determinativos tienen la función principal de marcar los usos de una palabra.[45] No es su única función, pero sí la más importante. Otras funciones de los determinativos son marcar la etimología de una palabra (derivada de otra), el contexto o el cotexto[46] de una palabra o la agrupación (sintagmática) de conceptos. No es éste el sitio, por razones de claridad en la exposición, donde desarrollar estas ideas.

El uso de los determinativos se sistematiza en el Reino Medio (hacia 2000 a.Jc.). Antes de eso, en el periodo tinita y en el Reino Antiguo, su uso es muy esporádico. En egipcio medio, los determinativos forman parte de las palabras, colocándose al final de las mismas. En neoegipcio, pierden, en gran parte, su valor semántico.

Los determinativos más utilizados son los siguientes (104):

hombre	fluir	vegetal	sello, sellar
gente	abrazar, ceñir	árbol, madera	ropa, vestirse, desvestirse
acciones de la boca	negación	granos, cereal	flecha, lanzar
adorar, esconder	ofrecer	viña, vino, fruta, jardín	pueblo extranjero
debilidad	fuerza	cielo, elevar(se)	cuchillo, cortar

Miszellen 183 (2001), 27-45; O. Goldwasser, *Lovers, Prophets and Giraffes – Wor[l]d Classification in Ancient Egypt*, Gottinger Orientforschungen IV/38 (Wiesbaden: Harrassowitz, 2002); E.-S. Lincke, *Die Prinzipien der Klassifizierung im Altägyptischen*, Göttinger Orientforschungen IV/18 (Wiesbaden: Harrassowitz, 2011).

[45] La posición más extendida en egiptología es, sin embargo, la de considerar que los determinativos se usan básicamente para distinguir homógrafos (palabras con la misma estructura consonántica). Se trata de una antigua cuestión de lingüística general sobre los conceptos de homonimia y polisemia, en la que no vamos a entrar aquí. Véase C. Gracia Zamacona, “Verbes sans limite, verbes à limite: étude préliminaire d’après les données des Textes des Sarcophages”, en Ph. Collombert et al. (eds.), *Aere perennius: Mélanges égyptologiques en l’honneur de Pascal Vernus*, Orientalia Lovaniensia Analecta 242 (Leuven: Peeters, 2016), 303-326.

[46] El contexto es la situación real (referencial) que afecta a una palabra. El cotexto es la situación textual que afecta a una palabra.

llevar, trabajar

prisionero, enemigo

muerte, enemigo

caer

infancia

vejez

persona importante

fuerza

altura, exaltación

adoración

construcción

dios

rey

venerabilidad

momia, imagen

yacer

brazos

exactitud

macho

acciones del falo

movimiento

pierna

bóvido

ganado menor

caos

dientes, acciones de la boca

acciones de la lengua

piel, color

carne, sangre

dios, rey

pequeñez, ruindad

pájaros, insec-

noche, oscuridad

sol, día, tiempo

brillar

estrella

terreno

zona irrigada, país

desierto, extranjero

camino

agua, líquido

lago, canal

edificio, parte de edificio

abrir

puerta

muro

derribar, inclinar

piedra, ladrillo

cereal

labrar

retener

moler, peso

peso

estar derecho

cuerda, atar

trenzar

atar

aceite, ungüento

alabastro, fiesta

vasija, medida de capacidad

alimento

alimento

escritura, ideas abstractas

pluralidad

tos

mujer	posarse	ciudad, zona habitada	dualidad
cabeza	*uraeus*, diosa	nave, navegar	muerte, enemigo
pelo, piel, color, duelo	reptil, gusano	vela, viento, aire	romper, cruzar, separar
ojo, vista	pez, emerger	ataúd, enterrar	embalsamamiento, mal olor, enfermedad
rostro, respirar, alegría	árbol	fuego, calor, cocinar	

Resumiendo, según sus funciones gráficas (para escribir palabras), los signos jeroglíficos se clasifican así:

Tipo de signo		*Valor icónico en palabra*	*Valor fonético en palabra*
Fonograma	monolítero	ninguno	parcial
	bilítero	ninguno	parcial > total
	trilítero	ninguno	total > parcial
Ideograma	típico	total > parcial	total
	monograma	total	total / parcial
	amalgama	total	total
Determinativo		clasificador	ninguno

Versatilidad y redundancia

Por último, hay que tener siempre presentes dos características muy particulares de la escritura jeroglífica egipcia.

Primero, su versatilidad. A pesar de que hay una tendencia a la norma ortográfica (o a diversas normas ortográficas locales), la escritura jeroglífica es doblemente versátil, en el sentido de que una palabra puede escribirse de diferentes maneras y en el sentido de que un signo puede tener varias funciones. Esto plantea un problema importante al que quiere leerla, pero da una información fundamental sobre la manera de pensar de los antiguos egipcios. Por ejemplo, la palabra Ra (*rꜥ*, el dios solar) se puede escribir con un ideograma y con el trazo vertical marcador de ideograma ( ), con dos monolíteros y un ideograma ( ) o con un logograma ( ). En cuanto a los diversos usos de un signo, el signo puede ser: ideograma (en la palabra *sbꜣ* 'estrella', escrita o), fonograma trilítero (en la palabra *sbꜣ* 'enseñar') o determinativo (en la palabra *Sopdet*[47], *spd.t*).

Segundo, su redundancia. La escritura jeroglífica difiere radicalmente, en este punto, de la escritura alfabética, que es aditiva (reproduciendo, o intentándolo, la cadena hablada). La adición de signos (incluso de fonogramas)[48] no implica siempre la adición de signos leídos. Así, en el ejemplo anterior *sbꜣ* 'enseñar', los signos escritos son cinco: *s* + *b* + *sbꜣ* + *ꜣ* + determinativo de fuerza; pero la lectura está formada por sólo tres consonantes: *s* + *b* + *ꜣ*.

Una penúltima observación: la escritura jeroglífica no dispone de signos de puntuación y no suele haber espacios entre las palabras. Esto plantea un problema a la hora de segmentar la cadena escrita. Lo más recomendable, desde un punto de vista práctico, es buscar los determinativos, ya que éstos aparecen en posición final de palabra (como ya hemos dicho), sin olvidar, eso sí, que una palabra puede tener más de un determinativo.

Para acabar, existe la transposición honorífica: un signo o grupo de signos, por su importancia cultural, se adelanta al que le tendría que anteceder; p.ej., se lee *ḥm-nṯr* 'sacerdote' (literalmente 'servidor del dios'), aunque está escrito *nṯr* + *ḥm*.

La lista de signos jeroglíficos establecida por Gardiner se presenta en el anexo I.

---

[47] Sopdet es el nombre egipcio de la estrella Sirio, la más luminosa del cielo, en la constelación del Can Mayor, que los griegos llamaban Sothis. Su ascenso helíaco es el fenómeno astronómico que permitía a los egipcios determinar la fecha de la inundación del Nilo y establecer el calendario.

[48] Se suelen llamar "complementos fonéticos" cuando redundan sobre un ideograma o trilítero, pero ese estatuto no está claro para el autor de estas líneas, pues parecen más bien responder a una criterio de espacio gráfico, al menos en ocasiones.

Parte II: Gramática

3. La proposición simple

3.1. Tipos de proposiciones simples

Las proposiciones simples en egipcio medio se clasifican según su predicado: proposiciones de predicado nominal (PPN), proposiciones de predicado adjetival (PPAdj), proposiciones de predicado adverbial (PPA) y proposiciones de predicado verbal (PPV). A las tres primeras se les llama en conjunto proposiciones de predicado no verbal.

Antes de nada, se notará inmediatamente que, en egipcio, a diferencia de en las lenguas occidentales, no hace falta un verbo para formar una proposición: hay predicados no verbales (el nominal, el adjetival y el adverbial). Este punto es de una importancia capital, dado que las proposiciones no verbales son intrínsecamente atemporales. En estas proposiciones, el tiempo se puede expresar, pero de manera circunstancial. Sin embargo, en las PPV, el tiempo está siempre explícito en el verbo de la proposición. La importancia de esta observación reside en que el occidental, cuya lengua está obligada a expresar el tiempo en toda proposición salvo muy pocas excepciones, debe esforzarse en recordar la atemporalidad intrínseca de las proposiciones no verbales egipcias. Si lo hace, se dará cuenta de que este tipo de proposiciones expresa, fundamentalmente (no de manera circunstancial), categorías distintas al tiempo. Ronald Langacker[49], uno de los máximos exponentes de la, así llamada, lingüística cognitiva, distingue nítidamente dos maneras de presentar una misma situación: una manera global[50] (de un sola ojeada, por así decir) y otra secuencial[51] (siguiéndola con la mirada, por seguir con el símil). Por ejemplo, y respectivamente, *Un puente sobre el río* describe una situación de manera global, mientras que *Un puente cruza el río* describe la misma situación secuencialmente.

Hay, por último, unas proposiciones llamadas pseudo-verbales, que se construyen con el modelo de la PPA, pero incorporando un verbo.

Esta división entre proposiciones verbales y proposiciones no verbales es crucial para la sintaxis egipcia durante toda su larga historia.

Según su tipología, y en general, las proposiciones simples muestran la sintaxis siguiente:

---

[49] R. Langacker, *Foundations of cognitive grammar* I-II. Stanford: University Press, 1987 & 1991.

[50] El término de Langacker es *summary scanning*.

[51] El término de Langacker es *sequential scanning*.

Tipo de proposición	Estructura sintáctica	Ejemplo
PPN	predicado + *pw* + sujeto[52]	*it.k pw z pn* 'Este hombre (es) tu padre'
PPAdj	predicado + sujeto	*nfr z pn* 'Este hombre (es) bello'
PPA y pseudoverbales	sujeto + predicado	*z pn m pr* 'Este hombre (está) en casa'
PPV	predicado + sujeto	*sḏm z pn* 'Este hombre escucha'

Desde el punto de vista enunciativo, las proposiciones pueden aparecer en enunciados neutros o marcados. En los enunciados neutros, y para estructurarlos, las proposiciones pueden ir introducidas por auxiliares de enunciación que les aportan un enfoque general determinado: por ejemplo, *ỉw*[53] es una partícula que afirma la realidad de la proposición, *mk* presenta la proposición y *sk* la coloca en el fondo[54]. Van siempre en posición inicial. A veces no resulta necesario traducirlos. Los auxiliares de enunciación, según el enfoque que dan a la proposición, son:

a) independientes: *ỉw* 'en efecto', *mk*[55] 'he aquí', *ḥꜣ* 'ojalá' y *nḥm.n* 'seguro que';

b) independientes interrogativos: *ỉn*[56] / *ỉn-ỉw* '¿acaso?'; estos dos auxiliares sirven para introducir un enunciado interrogativo general (se contesta con sí o no): por ejemplo, *ỉn ỉw.(w).k m pr.ỉ* '¿Vendrás a mi casa?'; el enunciado narrativo introducido por *ỉn* puede ser una forma verbal nominal, una construcción nominalizada con *wnn*, una

[52] También se usan las estructuras sujeto + predicado y predicado + sujeto.

[53] Existe otro valor para esta partícula cuando se usa para introducir determinadas proposiciones subordinadas, el llamado *ỉw* circunstancial.

[54] Desde el punto de vista enunciativo, el fondo es todo aquello que se presenta como circunstancial respecto a la trama principal (la figura). Los términos (y la idea) están tomados directamente de la escuela psicológica de la *Gestalt* (Alemania, principios del siglo XX).

[55] El emisor presenta el enunciado al receptor. Si el receptor es masculino singular se usa *mk*; si femenino: *mṯ*; si plural: *mṯn*.

[56] En el caso de ciertos enunciados marcados, este auxiliar de enunciación no tiene sentido interrogativo, sino que rematiza el sujeto de una proposición.

PPN, una PPAdj, una proposición de existencia introducida por *ỉw-wn* o la construcción *ỉw* + aoristo; por su parte, *ỉn-ỉw* introduce una forma verbal enfática, una PPN o una PPAdj; el auxiliar *ỉn* seguido de algunas partículas (*tr*, *rf*, *rr*) sirve para expresar interrogaciones retóricas; en cuanto a los enunciados interrogativos específicos (se contestan con un elemento informativo concreto), utilizan pronombres interrogativos (*ỉḫ* '¿qué?'[57], *ỉšs.t* '¿qué?'[58], / *ptr* '¿cuál? (animado e inanimado)'[59], / / / *m* '¿qué? / ¿quién?'[60], *zy* '¿qué? / ¿quién?')[61], adverbios interrogativos (*wr* '¿cuánto?'[62], *ṯnw* / *ṯn* '¿dónde? / ¿de dónde?') o locuciones preposicionales interrogativas formadas con los elementos anteriores (*ḥr-ỉḫ* '¿por qué?', *m-ỉšs.t* '¿con qué?', *m-m* '¿en tanto qué? / ¿con qué?', *mỉ-m* '¿cómo?', *r-m* '¿para qué?', *ḥr-m* '¿por qué?', *r-ṯnw* 'hasta dónde?');

c) secuenciales lógicos (futuro): *k3* 'entonces', *ḫr* / *ỉḫr* 'entonces necesariamente' e *ỉḫ* 'por favor';

d) secuenciales narrativos (pasado): *ꜥḥꜥ.n* 'y entonces' y *wn.ỉn* 'tan pronto como';

e) incidente (de fondo): *ỉsṯ* / *sṯ* / *ỉsk* / *sk* 'ahora bien';

f) vocativos / exclamativos: / / *h3* e *ỉ* '¡Oh!'.

Por último, y siguiendo con el punto de vista enunciativo, hay un grupo de palabras, las partículas, que matizan un enunciado completo.[63] Al contrario que los auxiliares de enunciación, las partículas nunca van en posición inicial. A veces no se traducen. Las podemos clasificar como sigue:

a) asertivas: *3* 'ciertamente', *wnnt* 'ciertamente', / / *ḥm* 'ciertamente';

b) resultativa: *ỉrf* / *rf* 'así pues, pues';

---

[57] En posición final del enunciado interrogativo.

[58] En posición inicial del enunciado interrogativo.

[59] En posición inicial del enunciado interrogativo.

[60] En posición final del enunciado interrogativo. Este pronombre, sin embargo, puede colocarse también en posición inicial precedido por el auxiliar *ỉn*, en una proposición partida. En tal caso, *ỉn m* suele escribirse *(ỉ)n-m*.

[61] En posición inicial del enunciado interrogativo.

[62] Muy raro. En posición inicial del enunciado interrogativo.

[63] Véase E. Oréal, *Les particules en égyptien ancien*, Bibliothèque d'Étude 152 (El Cairo: IFAO, 2010).

c) exclamativa: *wy* '¡qué + adjetivo!';
d) petitiva: / *m* 'pues (tras imperativo)';
e) de contrariedad: *ms* '¡vaya!';
f) disyuntiva: / *r-pw* 'o';
g) adversativa: *swt* 'pero, sin embargo';
h) aditiva: *gr* / *grt* 'además, también';
i) de refuerzo de interrogación: / *tr* / *ty* '¿pues?, ¿entonces?';
j) *ỉs* tiene varias funciones: focalizar un rema, comparar nombres ('a la manera de'), subordinar semánticamente una proposición a otra y coordinar proposiciones (en esta función también se usa *ỉsṯ* y sus variantes, que ya hemos visto como auxiliar de enunciación).

3.2. Proposiciones de predicado nominal y adjetival: morfología asociada y sintaxis

Antes de comenzar con la sintaxis de estas proposiciones, veamos la morfología de las palabras interesadas, a saber: nombres, adjetivos y pronombres.

Estas tres categorías morfológicas están afectadas por el género y el número.

En egipcio hay dos géneros con marca propia: masculino y femenino.

El masculino de los nombres y adjetivos se forma con .Ø[64], el de los adjetivos *nisbé* con *.y* y el de los participios con *.w*. Los adjetivos *nisbé*[65] requieren una explicación: estos adjetivos indican una relación con un nombre o con una preposición. Por ejemplo, de la preposición *ḥr* 'sobre' se deriva el adjetivo *nisbé* *ḥr.y* 'el que está encima', es decir 'superior'.

En cuanto al femenino, se marca con *.t* para nombres, adjetivos y participios, y con *.yt* para los adjetivos *nisbé*. Esta marca de femenino desapareció pronto de la pronunciación, quedando sólo la vocal precedente (que seguramente era una *a* breve), aunque se mantuviera en la grafía.

Por último, la noción de neutro existe en egipcio, pero sin marca propia[66]. Normalmente el neutro se marca con el femenino, pero también con el masculino plural.

---

[64] Este símbolo se usa aquí como 'morfema cero', es decir ausencia de marca. El término marcado con él se llama 'término no marcado'.

[65] Término gramatical procedente del árabe.

[66] Salvo en los demostrativos.

Los números son tres: singular, dual y plural.
El singular es el término no marcado, mientras que el dual se marca con *.wy* (masculino) y *.ty* (femenino), y el plural con *.w* (masculino) y *.wt* (femenino).
El género y número egipcios se pueden resumir en el cuadro siguiente[67]:

Número	Género	Nombres y adjetivos	Adjetivos nisbé	Participios
Singular	Masculino	.Ø	*.y*	*.w*
	Femenino	*.t*	*.(y)t*	*.t*
Dual	Masculino	*.wy*	*.(y)w(y)*	*.(w)wy*
	Femenino	*.ty*	*.(y)t(y)*	*.ty*
Plural	Masculino	*.w*	*.(y)w*	*.(w)w*
	Femenino	*.wt*	*.(y)wt*	*.wt*

El sintagma nominal está formado por un nombre (el núcleo) más adjetivos u otros nombres (CN).
No hay artículo en egipcio medio, aunque sí más tarde.
Entre el núcleo y los adjetivos del sintagma hay concordancia en género y número, como en español.
En el caso de que otros nombres (CN) se relacionen con el núcleo, hay dos posibilidades:
- la yuxtaposición (genitivo directo)
- o la utilización del *nisbé* de la preposición *n* (genitivo indirecto), que concuerda con el núcleo.

Así, el sintagma *La casa del hombre*[68] se dice en egipcio *pr z* (literalmente, casa + hombre) o *pr n.(y) z*.
La diferencia semántica entre ambas construcciones, si la hubiere, no está clara.
Sintácticamente, entre los dos términos de la construcción directa no se puede introducir otro elemento (en general), mientras que en la indirecta

[67] Entre paréntesis, los signos que no suelen aparecer en la grafía.
[68] O *La casa de un hombre* o *Una casa de un hombre* o *Una casa del hombre*.

esto es posible (por ejemplo, un adjetivo).

Los demostrativos son los siguientes:

		cercanía	medianía	lejanía I	lejanía II
singular	masc.	*pn*	*pw* (*py*)	*pf*	*pꜣ*
	fem.	*tn*	*tw*	*tf*	*tꜣ*
dual	masc.	*ipny*	*ipwy*	*ipfy*	-
	fem.	*iptny*	*iptwy*	*iptfy*	-
plural	masc.	*ipn*	*ipw*	*ipf*	-
	fem.	*iptn*	*iptw*	*iptf*	-
	neutro	*nn*	*nw*	*nf*	*nꜣ*

El neutro se usa para el plural: las formas plurales son arcaizantes en egipcio medio y las duales aún más, ya que las plurales absorben primero las duales.

El demostrativo de lejanía II se convertirá en el artículo determinado en neoegipcio.

Los demostrativos (salvo el de lejanía II) siguen la palabra a la que determinan. Pero el neutro precede a la palabra determinada y se conecta a ella por medio del genitivo indirecto (por ejemplo, *nn n pr* 'estas casas').

Los posesivos no existen como tales en egipcio medio, ya que la posesión se indica con los pronombres personales sufijos que veremos a continuación.

En neoegipcio, aparece un posesivo formado por el artículo seguido del pronombre sufijo.

En cuanto a los pronombres personales, los hay de tres tipos, lo que se explica por razones tanto sintácticas como prosódicas: los hay sufijos (que son clíticos), independientes (que pueden ser tónicos o átonos, aunque de esto hay poca información en la escritura) y dependientes, según se muestra en la tabla que sigue:

		sufijos	independientes	dependientes
singular	1ª	.i	*ink*	*wi*
	2ª m.	*.k*	*ntk* / *ṯwt*	*ṯw*
	2ª f.	*.ṯ*	*ntṯ* / *ṯwt*	*ṯn*
	3ª m.	*.f*	*ntf* / *swt*	*sw*
	3ª f.	*.s*	*nts* / *stt*	*st* / *sy*
plural	1ª	*.n*	*inn*	*n*
	2ª	*.ṯn*	*ntṯn*	*ṯn*
	3ª	*.sn*	*ntsn*	*sn*
dual	1ª	*.ny*	-	*ny*
	2ª	*.ṯny*	-	*ṯny*
	3ª	*.sny*	*ntsny*	*sny*

Los pronombres sufijos son clíticos, es decir: se apoyan en la palabra que les precede para poder ser pronunciados. Se usan como sujeto de las formas verbales personales (salvo el pseudoparticipio, que tiene desinencias propias) y de las PPA tras determinadas partículas, así como de sujeto u objeto del infinitivo.

Los pronombres independientes suelen ser tónicos y pueden comenzar una proposición. Son sujeto de las PPN.

Los pronombres dependientes son átonos y no pueden empezar una proposición. Son el objeto de las formas verbales y el sujeto de la PPAdj.

En cuanto a los indefinidos, son / *nb* 'alguno' (como adjetivo sigue al nombre), 'cualquiera' y *k.y* 'otro' (como adjetivo precede al nombre), con femenino y plural como los nombres.

Los numerales egipcios funcionan como nombres. Por tanto, comparten sus mismas desinencias de género y número. La tabla siguiente muestra el masculino (salvo *š.t* que es femenino) de los numerales cardinales principales:

Grafía numérica	Grafía fonética	Transliteración	Significado
		wꜥ.w	1
II		*sn.w*	2
III		*ḫmt.w*	3
IIII		*ỉfd.w*	4
III/II		*d(ỉ).w*	5
III/III		*sỉs* (< *srs*)	6
IIII/III		*sfḫ.w*	7
IIII/IIII		*ḫmn.w*	8
IIIII/IIII		*psḏ.w*	9
∩	-	*mḏ.*(*w*)	10
∩∩	-	*ḏbꜥ.ty* (?)	20
∩∩∩	-	*mꜥbꜣ*	30
∩∩/∩∩	-	*ḥm*	40
		š.t (< *šn.t*)	100
	-	*ḫꜣ*	1.000
	-	*ḏbꜥ*	10.000
	-	*ḥfn*	100.000
	-	*ḥḥ.w*	1.000.000

Escritos numéricamente, los cardinales van detrás del nombre que queda invariable en número. Escritos fonéticamente, los cardinales:

a) a partir de tres incluido, van delante del nombre (éste en plural):

ḫmt.w pr.w 'tres casas';

b) el dos va siempre detrás del nombre (éste en dual): *pr.wy sn.w* 'dos casas';

c) el uno puede ir detrás del nombre (éste en singular) o delante de él por medio de las preposiciones *n* (genitivo indirecto) o *m*: *pr wꜥ.(w)*, / *wꜥ.(w) n.(y) / m pr* 'una casa';

d) a partir de 100 (incluido), el numeral puede ir detrás del nombre (éste en plural) o delante de él por medio de las preposiciones *n* (genitivo indirecto) o *m*: *pr.w š.t* 'cien casas', / *š.t n.t / m pr.w* 'cien casas'.

Los cardinales (excepto 1 y 2) funcionan como núcleos de sintagma nominal a los que se apone el nombre contado; los determinantes (posesivos, adjetivos, demostrativos) van con el cardinal.

El ordinal de 1 es / / *tp.y*. Los ordinales de 2 a 9 se forman añadiendo la desinencia *.nw* (*.nw.t* para el femenino). A partir de 10, se pone delante del numeral el participio *mḥ.w* (que significa 'el que completa'), femenino *mḥ.t*. Los ordinales van tras el nombre al que se refieren, concordando con él. Tanto los cardinales como los ordinales pueden ir solos, funcionando como nombres.

Los numerales fraccionarios se escriben con *r* 'parte', con el denominador debajo en escritura numérica (p. ej., *r 2* '1/2'). Así, el numerador es siempre 1 (sólo hay dos excepciones: *r.wy* '2/3' y *3 r.w* '3/4'). La fracción 1/2 se escribe también *gs* 'mitad'. La fracción 1/4 se escribe también con el signo ×. Para escribir las fracciones de la medida de capacidad *ḥq3.t* '*heqat*' (unos 4,5 litros), se usan las partes del ojo sano de Horus[69]: *wḏ3.t*. Se trata de los siguientes:

1/2	1/4	1/8	1/16	1/32	1/64

Ahora podemos comenzar a tratar la sintaxis de las PPN. La proposición de predicado nominal (PPN) expresa una identidad permanente entre un nombre (o equivalente) sujeto y otro nombre (o equivalente) predicado o una clasificación permanente de un nombre (o equivalente) sujeto en otro nom-

[69] El ojo de Horus es un elemento mágico simpático de "amplio espectro". Las ofrendas se identifican con él, de manera que no es de extrañar que se midan con partes del ojo.

bre (o equivalente) predicado. En realidad, la identidad no es sino un caso particular de clasificación: aquél en el que la clase tiene el mismo número de elementos que el sujeto. Desde un punto de vista sintáctico y enunciativo, las PPN se clasifican como se ve en la tabla que sigue. Se han utilizado las abreviaturas siguientes: S = sujeto; T = tema; SN = sintagma nominal; P = predicado; R = rema.

Enunciado	*Estructura*	*Sintaxis y enunciación*	*Ejemplo*	*Pregunta*
neutro	A *pw*	A = P y R	*it.k pw* 'Es tu padre'	¿Quién es?
	A B	A = S y T; B = P y R	*ink*[70] *it.k* 'Yo soy tu padre'	¿Quién eres? ¿Quién es A?
	A *pw* B	A = P y R; B = S y T	*z pn pw it.k* 'Tu padre es este hombre'	¿Quién es B?
tematizado	A *pw* B	A = P y T; B = S y R	*ink pw it.k* 'Yo, yo soy tu padre'	¿Tú, quién eres tú?
	A, B *pw*	A = SN tematizado; B = P y R	*z pn it.k pw* 'Este hombre, (él) es tu padre'	¿A, quién es?
	A *pw*, B	A = P y R; B = SN tematizado	*it.k pw z pn* '(Él) es tu padre, este hombre'	¿B, quién es?
topicalizado	*ir* A, B *pw*	A = SN topicalizado; B = P y R	*ir z pn it.k pw* 'En cuanto a este hombre, es tu padre'	¿En cuanto a A, quién es?
	A' *pw*, A'' B	A' = pronombre topicalizado; A'' = S y T; B = P y R	*ink pw ink it.k* 'He aquí que yo, yo soy tu padre'	¿Tú que estás aquí, quién eres tú?
rematizado	A B	A = S y R; B = P y T	*ink*[71] *it.k* 'Soy yo tu padre'	¿Pero quién es mi padre?

[70] Átono.

Enunciado	*Estructura*	*Sintaxis y enunciación*	*Ejemplo*	*Pregunta*
focalizado (P)	A *is pw* (B)	A = P y R; B = S y T	*it.k is pw z pn* 'Es ciertamente tu padre, este hombre'	¿Quién es ciertamente B?
focalizado (S)	B *is* A	A = P y T; B = S y R	*z pn is it.k* 'Es ciertamente este hombre tu padre'	¿Quién es ciertamente A?

El demostrativo *pw* no funciona como demostrativo, sino como marca del sujeto. A veces, en lugar de *pw* puede aparecer *nw*.

La PPN se puede negar de las siguientes maneras:

Negación	*Función*	*Ejemplo*	*Traducción*
n	niega la predicación	*n ink it.k*	Yo no soy tu padre
/ ... *n* / *nn* ... *is*	niega el rema	/ *n* / *nn ink is it.k*	No soy yo tu padre (sino ...)
nn	deniega	*nn ink it.k*	No es que yo sea tu padre

Por último, hay un tipo complejo de PPN, llamado *Wechselsatz* (cf. 5.3.2).

La proposición de predicado adjetival (PPAdj) atribuye una cualidad al sujeto. Tal atribución es no contingente, es decir, intrínseca al sujeto (p.ej., La hoja es verde). Para expresar una cualidad contingente, el egipcio recurre a una PPV con un verbo de cualidad (p.ej., La hoja está verde).

La morfología asociada a esta proposición es la del adjetivo. Su género y número es igual que el del sustantivo. En cuanto a los grados del adjetivo hay tres:

a) el comparativo se hace introduciendo el término de la comparación con la preposición *r* 'hasta, en cuanto a': *nfr sw r.s* 'Él es más bello que ella' (literalmente, 'Él es bello en cuanto a ella');

[71] Tónico.

b) el superlativo relativo se hace de varias maneras: colocando tras el adjetivo su plural en genitivo directo o indirecto (*nfr nfr.w* / *nfr n nfr.w* 'el más bello', literalmente: 'el bello de los bellos'); colocando tras el adjetivo un colectivo en genitivo directo o por medio del nisbé *ỉm.y* o su equivalente *n.ty m* (*nfr 7* 'el más bello de los 7', literalmente 'el bello de 7'; / *nfr ỉm.y / n.ty m 7* 'el más bello de los 7', literalmente 'el bello que está en los 7');

c) el superlativo absoluto se hace también de varias maneras: colocando tras el adjetivo un adverbio indicando 'muy, mucho' (*ꜥꜣ* / *ꜥꜣ.w*, *wr* / *wr.t*), a veces seguido de la expresión *r ḫ.t nb.t* 'más que toda cosa' (*nfr wr.t z pn* 'este hombre es muy bello'); colocando delante del adjetivo el numeral *wꜥ* ('uno') con el sentido de 'único' (*wꜥ nfr* 'muy bello', literalmente: 'el único bello'); repitiendo el adjetivo o colocando tras él la expresión *zp 2* 'dos veces' (*nfr nfr* 'muy bello').

La sintaxis de la PPAdj es sencilla: predicado + sujeto. El predicado puede ser un adjetivo o algún equivalente (un participio, la negación *nn*). En esta proposición, el adjetivo permanece invariable (no concuerda en género y número con el sujeto). El sujeto es un nombre o su equivalente, usándose, si se recurre a los pronombres personales, los dependientes. Por ejemplo: *nfr z pn* 'Este hombre (es) bello', *nfr sw* 'Él (es) bello', *nfr z.t tn* 'Esta mujer (es) bella', *nfr st* 'Ella (es) bella'.

Dentro de la estructura de la PPAdj, merece mención aparte la proposición de pertenencia. En egipcio no existe el verbo 'tener'. Para expresar esta noción se recurre a las expresiones siguientes:

a) *n.y* A B, literalmente: 'perteneciente a A es B', esto es: 'B pertenece a A'; cuando uno de los dos elementos (A o B) o ambos (A y B) son pronominales, el orden de las palabras cambia según el principio prosódico. Así, *n.y sw* A 'él pertenece a A', pero *n.y sw* B 'B pertenece a él': estas dos estructuras son ambiguas. Con dos pronombres: *n.y sw wỉ* 'Yo pertenezco a él'.

b) *n.y* + pronombre independiente + A: *n.y ỉnk z pn* 'Es a mí a quien pertenece este hombre'. Es una rematización del posesor, que sirve para romper la ambigüedad recién mencionada: es, por lo tanto, más moderna que la anterior. Se tendrá en cuenta que la construcción *n.y* + pronombre independiente se amalgama: así *n.y ỉnk* > *nnk*, *n.y ntk* > *ntk*, *n.y ntf* > *ntf.*

c) dativo + *im.y* + A (masivo): *n.f-im.y ḥḏ* 'la plata (*ḥḏ*) le pertenece', literalmente: 'para él, lo que está dentro, es la plata'.

d) la construcción *iw n.f* A tiene la estructura de una PPA con un dativo como predicado, por ejemplo: *iw n.f pr pn* 'Esta casa es de él'.

Igualmente, la proposición de inexistencia tiene una estructura de PPAdj: *nn* A / *n wnt* A 'A es inexistente', es decir, 'No hay A'. Por ejemplo, *nn z nb* 'No hay nadie', literalmente: 'Cualquier hombre es inexistente'. Pero también puede expresarse por medio de una PPV (*nn wnn*). Esta estructura (*nn* + PPA) es la que se usa para negar la PPA, incluyendo las llamadas construcciones pseudoverbales.

El equivalente afirmativo es la proposición de existencia con *iw-wn*, por ejemplo *iw-wn z nb* 'Está todo el mundo', literalmente: 'Existe todo hombre'. El sujeto de estas proposiciones es siempre indefinido. Las proposiciones de existencia son PPV: *iw* es un auxiliar de enunciación y *wn* es una forma (quizás lexicalizada) del verbo *wnn* 'existir'. *iw* puede ser sustituido por otros auxiliares de enunciación (*isṯ*, *mk*) o por el verbo *wnn* en nominalizaciones (por ejemplo, en una prótasis condicional), quedando entonces *wnn wn*.

La PPAdj no tiene negación propia, excepto la proposición de pertenencia (que se niega con *n* ... *is*: así, *n sw is* A significa 'Él no pertenece a A'). Para negar una cualidad, se recurre a la negación de la forma verbal del verbo de cualidad correspondiente. Así, para negar *nfr sw* 'Él es bello', se usa *n nfr.n.f* 'Él no es bello'.

Por último, se tendrá en cuenta que, en general, las PPN y PPAdj no pueden ir introducidas por los auxiliares de enunciación independientes *iw*, *mk*, *ḥ3* ni *nḥm.n*.

3.3. Proposiciones de predicado adverbial: morfología asociada y sintaxis

La morfología asociada a la proposición de predicado adverbial (PPA) se compone de dos categorías morfológicas: preposiciones y adverbios.

Las preposiciones egipcias,[72] algunas de las cuales pueden funcionar como

[72] Un tema estrella recientemente: J. Stauder-Porchet, *La préposition en égyptien de la pre-*

conjunciones, pueden ser simples o compuestas. Las preposiciones simples son pocas, pero suelen tener muchos significados, según el contexto en que aparezcan, y bastante generales. Tales significados están relacionados por una base semántica común difícil de percibir a primera vista. Las preposiciones compuestas, generalmente por una preposición (o más) y un nombre o un verbo, son más, pero sus significados son más específicos y menos abundantes.

Algunas preposiciones simples pueden, a su vez, ir introducidas por otra preposición. Se trata, en realidad, de nombres usados como preposiciones. Por ejemplo, *ḫnt* significa 'frente' y, como preposición, 'delante de'. Este nombre-preposición puede ser introducido por preposiciones simples: *m-ḫnt* 'en la frente' ('delante'), *ḥr-ḫnt* 'sobre la frente' ('delante'). Este tipo de nombre-preposición aparece en el cuadro de preposiciones simples que sigue porque puede funcionar como preposición sin otra que lo introduzca. Lo mismo ocurre con las preposiciones *ḥȝ* 'nuca' > 'detrás, alrededor' y *tp* 'cabeza' > 'sobre'. Otro tanto hay que decir de la preposición *ḫt* 'a través', derivada del verbo *ḫti* 'retirarse, recorrer'. En el cuadro que sigue se propone una base semántica para cada preposición simple que pretende explicar sus diferentes usos:

Preposición	*Base semántica*	*Espacio*	*Tiempo*	*Causa*	*Fin*	*Caracterización*
/ *imytw*	Interioridad dual	'entre dos'	-	-	-	-
in	Agente	-	-	agente ('por') y *cleft sentence*	-	-

mière phase, Aegyptiaca Helvetica 21 (Basilea: Schwabe, 2009); C. Gracia Zamacona, "Space, time and abstract relations in the Coffin Texts", *Zeitschrift für Ägyptische Sprache und Altertumskunde* 137 (2010), 13-26; R. Nyord, "Space, time and abstract relations in the Coffin Texts", *ibidem*, 27-44; E. Grossman & S. Polis, "Navigating polyfunctionality in the lexicon", en E. Grossman, S. Polis & J. Winand (eds.), *Lexical semantics in Ancient Egyptian*, Lingua Aegyptia – Studia Monographica 9. Hamburgo: Widmaier, 2012, 175-225; D. Di Biase-Dyson, "A diachronic approach to the syntax and semantics of Egyptian spatio-temporal expressions with *ḥȝ-t* 'front'", *ibidem*, 247-292; D. Werning, "Ancient Egyptian prepositions for the expression of spatial relations and their translations", *ibidem*, 293-346.

Preposición	*Base semántica*	*Espacio*	*Tiempo*	*Causa*	*Fin*	*Caracterización*
m[73]	Unidad (sin orientación ni límite)	'dentro de'	'cuando'[74]	'porque'[75]	-	atribución de función ('como'), identidad ('en tanto que'), materia ('de'), partitivo ('de'), compañía / instrumento ('con') y oposición ('contra')
/ / *mi*	Comparación de acciones	-	-	-	-	'como'
mm	Interioridad colectiva	'entre más de dos'	-	-	-	-
n	Perspectiva + animación	'hasta'	-	'porque'[76]	implicativo ('en cuanto a ti'), OI ('para'), pertenencia ('de') y finalidad ('para')[77]	-

[73] delante de sufijo.
[74] Conjunción.
[75] Preposición y conjunción.
[76] Preposición y conjunción.
[77] Raro.

Preposición	*Base semántica*	*Espacio*	*Tiempo*	*Causa*	*Fin*	*Caracterización*
r[78]	Perspectiva (orientación preferente hacia la "derecha"[79] y marcación de un límite)	'hasta'	'antes de que'	-	implicativo ('en cuanto a ti'), finalidad ('para')[80], oposición ('contra'), relación (*ỉr* 'en cuanto a') y condición (*ỉr* 'si')	atribución de función superior ('como'), futuro / intención / destino ('de cara a', 'con la idea de', 'destinado a'), comparación de entidades ('como') y modelo ('según')
/ / *ḥꜣ*	Posición posterior	'detrás', 'alrededor'	-	-	-	-
ḥnꜥ	Acompañamiento	-	-	-	-	'con', 'y'
/ *ḥr*[81]	Posición superior y ausencia de marca espacial	'sobre'	-	'porque'		'sobre'[82]
/ *ḫft*	Posición frontal	'frente a'	-	-	-	modelo ('según')
ḫnt	Posición anterior	'delante de'	-	-	-	-

78 delante de sufijo.

79 Futuro, finalidad.

80 Conjunción.

81 delante de sufijo.

82 'Hablar *sobre* un tema'.

Preposición	*Base semántica*	*Espacio*	*Tiempo*	*Causa*	*Fin*	*Caracterización*
ḫr	Perspectiva + divinidad	'hasta'	-	agente ('por')	-	-
ḫt	Posición medial	'a través'	-	-	-	-
ẖr	Posición inferior	'debajo de'	-	-	-	posesión ('con')
/ / *tp*	Posición superior	'sobre'	-	-	-	'sobre'[83]
ḏr	Límite (marcación de un límite y ausencia de orientación)	-	anterioridad ('después de que') y posterioridad ('antes de que')	causa ('porque')	-	-

En la expresión del espacio, lo que predomina es el rasgo semántico básico de la preposición. Por ejemplo, *m* significa 'dentro de', 'desde dentro de', 'hasta dentro de' y 'por dentro de' ; la idea de 'desde', 'hasta' y 'por' proviene del contexto (del verbo de movimiento con el que va la preposición).

De preposiciones compuestas, las hay de tres tipos morfológicos:

a) preposición + infinitivo:

r-iwd ... *r* 'entre ... y'[84]

m-sn.t-r 'a imagen de'

r-ḏ3.t 'a cambio de', 'según'

r-mn-m 'hasta el punto que'

r-ḏb3 'en vez de'

[83] 'Hablar *sobre* un tema'.

[84] Esta preposición aparece en el reino nuevo.

b) nombre / verbo + preposición:

- *wp.w-ḥr* ‘excepto’, ‘pero’
- *ḥꜣ.t-r* ... *pḥ.t-r* / *pḥ.wy-r* ‘desde ... hasta’
- / *šꜣꜥ-m* / *r* ... *nfr.yt-r* ‘desde ... hasta’
- ... *pr.t-m* ... *r* ‘desde que ... hasta que’
- *ḥr.w-r* ‘aparte de’, ‘excepto’
- *tp-m* ‘delante’, ‘hacia’

c) preposición simple + nombre:

- *n-ib-n* / *n-iqr-(n)* ‘a causa de’
- *r-ꜥqꜣ* ‘comparado a’
- *m-ḥr-ib* / *m-qꜣb-(n)* ‘en medio de’
- *r-sꜣ* ‘después de’
- *m-isw* / *r-isw* ‘a cambio de’, ‘en lugar de’
- *m-bꜣḥ* / *tp-mꜣꜥ-(n)* / *m-ḥr* ‘en presencia de’
- *ḥr-ḫw* ‘excepto’
- *m-sꜣḥ.t* ‘en las cercanías de’
- *m-ꜥ* ‘en poder de’, ‘a causa de’
- *n-mrw.t* ‘a fin de’
- *m-ḫmt* ‘sin’
- *r-swn.t* ‘a cambio de’
- *r-ꜥ* ‘al lado de’
- *n-nfr-n* ‘tanto es que’
- *m-ḫnt* ‘delante de’
- *n-gꜣ.w* ‘por falta de’
- *ẖr-ꜥ* ‘bajo la dirección de’
- / / / *m-hꜣ.w* / *n-hꜣ.w* / *r-hꜣ.w* ‘en las cercanías de’, ‘en la época de’
- *m-ḫt* ‘detrás de’, ‘después de’
- *r-gs* / *ḥr-gs* ‘al lado de’
- *tp-ꜥ.wy* / *tp-ꜥ* ‘delante de’, ‘antes de’[85]
- *m-ḥꜣ.t* / *r-ḥꜣ.t* / *ẖr-ḥꜣ.t* ‘al frente de’
- *r-ḫt* ‘bajo la autoridad de’
- *ḥr-tp* ‘encima de’

[85] Como adverbio, ‘inmediatamente’.

n-ꜥ3.t-n / n-wr-n ‘de tanto como’ | m-ḥ3.w ‘más que’, ‘además de’ | m-ẖn.w ‘en el interior de’ | (r)-ṯnw ‘siempre que’

m-ꜥb ‘junto con’ | ḫft-ḥr ‘enfrente de’ | m-s3 / ḥr-s3 ‘detrás de’, ‘después de’

Las conjunciones puras (sin función preposicional) se estudiarán al tratar de las proposiciones subordinadas.

En egipcio hay muy pocos adverbios, en cuanto tales. A saber:

a) *espaciales*: *ṯnw* ‘¿dónde?’, *ꜥ3* ‘aquí’, *mỉn* ‘aquí’, *nn* ‘aquí’, *ỉm* ‘allí’;

b) *temporales*: *mỉn* ‘hoy’, *sf* ‘ayer’.

El adverbio *ṯnw* ‘¿dónde?’ puede ir introducido por algunas preposiciones, cambiando su significado: *r ṯnw* ‘¿a dónde’, *m ṯnw* ‘¿desde dónde?’. Por el contrario, los adverbios *mỉn* ‘hoy’ y *sf* ‘ayer’ suelen ir introducidos por la preposición *m*, pero no cambian de significado, lo que hace pensar que no son verdaderos adverbios, sino nombres adverbializados.

El proceso de adverbializar nombres para usarlos como adverbios es muy frecuente y se realiza colocando el nombre al final de la proposición, precedidos o no por una preposición. Por ejemplo, *n ḏ.t* ‘eternamente’, *zp 2* ‘dos veces’.

También hay adverbios derivados de adjetivos colocándolos en posición final, precedidos o no por la preposición *r*. Por ejemplo, *nfr* ‘bien’, *r iqr* ‘excelentemente’.

Igualmente, algunos adverbios se forman a partir de formas verbales (el pseudoparticipio, normalmente introducido por la preposición *m*, y el nombre verbal femenino, normalmente en pleonasmo[86]). Por ejemplo, *m ꜥq3.(w)* ‘exactamente’, *p3.t* ‘de manera voladora, volando’.

Otros adverbios derivan de preposiciones, colocándose en posición final, con o sin la terminación / *.y* o *.w*. Por ejemplo, *ẖr.y* ‘debajo’,

[86] El pleonasmo es un recurso estilístico en el que se usa la misma raíz verbal para expresar la intensidad de una acción, por ejemplo, ‘volar de manera voladora’ = ‘volar mucho’, ‘volar realmente’.

ḏr 'finalmente'.

Una vez conocidos estos elementos morfológicos, podemos tratar ya de la sintaxis de la PPA.

La proposición de predicado adverbial (PPA) expresa la relación entre un sujeto y un predicado formado por un adverbio o por un sintagma preposicional. Se usa por lo tanto para expresar situaciones espaciales, temporales o lógicas (causa, fin y caracterización).

Su sintaxis es simple: sujeto + predicado. Por ejemplo, *it.i m pr* 'Mi padre (está) en la casa'.

Frecuentemente, la PPA va introducida por auxiliares de enunciación independientes como *iw*, *mk*, *ḫ3* y *nḥm.n*. Esto, entre otras cosas, las distingue de las PPN y PPAdj.

La PPA se niega con *nn*. Por ejemplo, *nn it.i m pr* 'Mi padre no (está) en la casa'.

Para nominalizar una PPA, se recurre a la forma *mrr.f* del verbo *wnn* 'existir, ser, estar', utilizado como convertidor. Por ejemplo, *wnn it.i m pr* 'Se da el caso de que mi padre (está) en la casa'. Este convertidor también se puede usar como forma enfática. Así, el ejemplo anterior se puede traducir también 'Es en la casa (donde está) mi padre'. Una vez nominalizada, una PPA se puede usar como proposición subordinada dependiente de otro verbo.

Para temporalizar y/o modalizar una PPA, se recurre a otras formas verbales del verbo *wnn*: el subjuntivo (*wn it.i m pr* '¡Que mi padre esté en la casa!'), el indicativo (*wn it.i m pr* 'Mi padre estaba en la casa') y el secuencial necesario (*wn.ḫr it.i m pr* 'Mi padre deberá estar en la casa'). De hecho, estas proposiciones son proposiciones de predicado verbal. Si se habla de ellas aquí, es por el semantismo del verbo *wnn*, 'estar', que parece explicitar el vínculo predicativo implícito de las PPA.

Mención aparte merecen las construcciones pseudoverbales.

Estas proposiciones tienen la estructura sintáctica de la PPA (sujeto + predicado), es decir, justo al contrario que las proposiciones de predicado verbal (predicado + sujeto). Sin embargo, el predicado de las proposiciones pseudoverbales no es puramente adverbial / preposicional como en las PPA puras, sino que contiene una forma verbal: pseudoparticipio o infinitivo. Como las PPA puras, pueden ir introducidas por los auxiliares de enunciación mencionados más arriba. Se niegan con *nn*.

La construcción pseudoverbal de pseudoparticipio tiene la estructura: sujeto + pseudoparticipio. El pseudoparticipio es una forma verbal egipcia, que también existe en alguna lengua semítica antigua (acádico), y que expresa, básicamente, el estado de una situación intransitiva (*nṯr.kwi* ‘Yo soy un dios’), el estado resultante de una acción intransitiva (*ꜥḥꜥ.kwi* ‘Estoy de pie’, ‘Aquí estoy’) o, incluso, la pasiva de los verbos transitivos (*mꜣ.kwi* ‘Yo soy visto’). A diferencia del resto de las formas verbales, el pseudoparticipio no se forma con los pronombres sufijos, sino que tiene desinencias propias, a saber:

	singular	dual	plural
1ª masc. & fem.	/ / / / *.kwi*	-	/ *.wyn*
2ª masc. & fem.	/ / *.ti*	-	/ *.tywny*
3ª masc.	/ Ø *.w*	*.wy*	/ Ø *.w*
3ª fem.	/ / *.ti*	*.tiy*	/ / *.ti*

La 3ª femenino plural y los duales de 3ª son muy raros en egipcio medio, siendo sustituidos por la 3ª masculino plural. La desinencia de la 3ª femenino singular se escribe antes del determinativo del verbo.

Lo más frecuente es que esta construcción vaya introducida por uno de estos auxiliares de enunciación: *iw*, *mk* o *sk*. Los pronombres que introducen el sujeto tras estos auxiliares difieren: con *iw* se usan los sufijos; con los otros dos, los dependientes.

Por ejemplo, *iw.i mꜣ.kwi* ‘Yo he sido visto’, *mk wi ꜥḥꜥ.kwi* ‘Heme aquí (lit. de pie)’, *sk wi nṯr.kwi* ‘Ahora bien, yo soy un dios’.

Por supuesto, el sujeto puede ser un nombre: *iw it.i nṯr.*(*w*) ‘Mi padre es un dios’.

Una excepción semántica notable la constituye el verbo *rḫ* ‘conocer’ (transitivo), cuyo pseudoparticipio no significa ‘ser conocido’, sino ‘saber’.

En cuanto a la *construcción pseudoverbal de infinitivo*, tiene la estructura: sujeto + preposición + infinitivo. En esta construcción, se usan tres preposiciones (*m*, *ḥr* y *r*) que toman significados especiales y que forman auténticos tiempos verbales, si bien la estructura sigue siendo la de una PPA. Antes de analizar los tres tipos de esta construcción (según la preposición utilizada) una consideración teórica se impone. Al principio de este manual, hablamos del modo de acción (*Aktionsart*) de los verbos. Ahora es necesario explicar en qué consiste. El modo de acción de un verbo es su estructura temporal independiente de su sintaxis (de su colocación en la cadena hablada o escrita); es decir, se trata de su estructura temporal lexical, en cuanto que palabra que expresa una acción con una estructura temporal determinada. Hay cuatro tipos de modo de acción:

a) estado: se trata de una acción estática (no requiere esfuerzo por parte de ningún actante), que es durativa (no puntual), monofásica (sin partes internas) y que es atélica (su fin no está expresado); por ejemplo, *wnn* 'ser';

b) actividad: es una acción dinámica (requiere esfuerzo), durativa, plurifásica (con partes internas) y atélica; por ejemplo, *pẖr* 'circular';

c) realización: es una acción dinámica, durativa, plurifásica y télica; por ejemplo, *ỉỉ* / *ỉw* 'venir';

d) acabamiento: es una acción dinámica, puntual, monofásica y télica; por ejemplo, *m*(*w*)*t* 'morir'.

Cuando aparece la construcción pseudoverbal de infinitivo, a finales del reino antiguo, dos de sus tipos podrían tener una restricción semántica muy fuerte según la preposición que usan. Pero los datos no son concluyentes. Según esta hipótesis, *la construcción m + infinitivo* sólo se usa con los verbos de modo de acción durativa (actividades y realizaciones), dado que la preposición *m* significa 'dentro de'. Literalmente, la construcción significa 'estar dentro de la acción'; por ejemplo, *ỉw.ỉ m pẖr* 'Estoy circulando'. Por su parte, *la construcción ḥr + infinitivo* sólo se usa con verbos puntuales (acabamientos) porque la preposición *ḥr* significa 'sobre'. Al no haber espacio, metafóricamente hablando, en una acción puntual para poder 'entrar' en ella, se usa la preposición *ḥr*, con lo que la construcción significa, literalmente, 'estar sobre la acción'; por ejemplo, *ỉw.ỉ ḥr m*(*w*)*t* 'Estoy muriendo'. Pero esta construcción se gramaticaliza muy pronto para cualquier tipo de verbo, independientemente de su modo de acción, expresando el imperfectivo continuo o progresivo ('estar haciendo algo'), de manera que la construcción *m* + infinitivo adquiere un valor incoativo (de comienzo) para oponerse a la construcción *ḥr* + infinitivo. Así, *ỉw.ỉ m pẖr* pasa a significar 'Empiezo a circular'. La construcción *m* + infinitivo desaparecerá algo más tarde, quedando sólo la construcción *ḥr* + infinitivo para expresar el imperfectivo progresivo ('él está haciendo'), en oposición con el aoristo que expresa el imperfectivo general ('él hace').

Por último, *la construcción r + infinitivo* se usa para expresar el futuro imperfectivo, oponiéndose al futuro perfectivo expresado por la forma verbal llamada prospectivo. Esta construcción significa, literalmente, 'estar hasta la acción'. Así, *iw.i r pẖr* significa 'Yo voy a circular'. Esta construcción se usa con cualquier tipo de modo de acción desde sus orígenes.

3.4. Proposiciones de predicado verbal: morfología asociada y sintaxis

La proposición de predicado verbal (PPV) está compuesta por un predicado verbal y un sujeto, por ese orden. El predicado verbal puede estar formado por un núcleo verbal solo o acompañado de complementos (OD, OI, CC, etc.) que siguen, en general, al sujeto. El núcleo verbal es una de las formas verbales de las que hablaremos más abajo. Sin embargo, parecen necesarias unas palabras preliminares sobre ellas. En la literatura egiptológica, varias formas verbales[87] se nombran utilizando como modelo el verbo *sḏm* 'escuchar'. Así, se habla, por ejemplo, de la forma *sḏm.n.f*, es decir: la forma constituida por la raíz verbal, el infijo *.n.* y el sufijo de sujeto.

La raíz del verbo egipcio está formada por un lexema[88] que puede ser simple o complejo. Con frecuencia, no es sencillo distinguirlos, ya que las raíces del egipcio no están bien individualizadas. Por ejemplo, *sḏm* es un lexema simple (estructura 123)[89]. La mayor parte de los verbos egipcios tienen esa estructura, pero hay un grupo importante que sólo tiene dos (12). Los lexemas complejos se forman por medio de prefijos, repeticiones de las consonantes radicales y expansiones.

[87] No hay acuerdo ni sobre el número ni las funciones de las formas verbales del egipcio de la primera fase. Es un tema recurrente en la literatura egiptológica, con un reciente repunte. Véase por ejemplo: J.P. Allen, "Rethinking the *sḏm.f*", *Lingua Aegyptia* 19 (2011), 1-16; A. Stauder, "Splitting the *sḏm.n=f*? A discussion of written forms in Coffin Texts", *Zeitschrift für Ägyptische Sprache und Altertumskunde* 141 (2014), 83-96 & 195-208; M. Brose, "Darf es noch ein *sḏm=f* mehr sein? Zur aktuellen Diskussion über die Anzahl von schriftsprachlich kennzeichenlosen finiten Verbalformen im Älteren Ägyptisch", Lingua Aegyptia 23 (2015), 1-59.

[88] En lingüística estructural, un *lexema* es una unidad lingüística sin información gramatical, por oposición a *morfema*.

[89] 1 es la primera consonante de la raíz, 2 la segunda y 3 la tercera.

Las repeticiones pueden ser totales (123123) o parciales (12323, 121, por ejemplo). Se pueden combinar con los prefijos (por ejemplo, *n*1212).

Los prefijos admitidos actualmente son los siguientes:

a) *n*-: se le considera, por influencia de lo que ocurre en las lenguas semíticas, un indicador de voz media o reflexiva (por ejemplo, de *qdd* 'dormir' proviene *nqdd* 'dormirse'); sin embargo, el caso de *ḫ3i* 'medir', de donde *nḫ3(i)* 'rebosar' y *nḫ3(i)ḫ3(i)* 'desbordarse', muestra más bien que el sentido del prefijo es el cumplimiento terminal de la acción de la raíz verbal; este prefijo es muy frecuente con la repetición de tipo 1212, dando lugar al esquema *n*1212, que también se suele combinar con los prefijos *s*- (*sn*1212) y *ḥ*- (*ḥn*1212); estos tres últimos esquemas suelen expresar la acción de la raíz con una connotación de repetición y de intensidad;

b) *ḥ*-: se le considera tanto un causativo (de *tm* 'terminar', *ḥtm* 'extinguir') como un anti-causativo (de *wr* 'ser grande', *ḥwrw(r)* 'ser débil'); este prefijo parece estar ya fosilizado en época histórica;

c) *s*-: es un causativo (de *ʿr* 'ascender', *sʿr* 'presentar (una ofrenda)' (literalmente, 'hacer ascender')) que, a veces, ha perdido su valor (de *ḏd* 'decir', *sḏd* 'decir, relatar'); la formación con este prefijo se va fosilizando progresivamente en favor de la construcción analítica *rdi* 'causar' + infinitivo, que, con el tiempo, dará lugar al causativo copto ϯ *ti*- + verbo;

d) *w*-: es un terminativo (de **bn* 'ser protuberante', *wbn* 'despuntar').

En cuanto a las expansiones, hay dos claras: *i* y *w* en posición final. En teoría, tales expansiones sirven para convertir verbos 12 en verbos 123. Dada la naturaleza fonética de estas expansiones (semiconsonantes), en el caso de la *i* se producen irregularidades en la conjugación de los verbos que la poseen. Tales irregularidades son de un gran valor para determinar la morfología verbal.

Atendiendo a su morfología, los verbos egipcios se clasifican en: verbos fuertes (cuya raíz no sufre cambios en la conjugación), débiles (que sí los sufren), geminados (que tienen dos temas verbales) y anómalos (que presentan irregularidades específicas).

Los verbos fuertes son los que no presentan duplicación de la 2ª consonante y tienen un infinitivo masculino (salvo los causativos de bilíteros y el verbo *šm* 'ir', que tienen infinitivo femenino[90]). Los tipos de verbos fuertes son:

a) bilíteros (12): *mn* 'ser estable'; son un grupo muy importante;

b) trilíteros (123): *sḏm* 'escuchar, oír'; son los más frecuentes;

c) cuatrilíteros (1234, raros; normalmente 1212): *wsṯn* 'ir libremente';

d) pentalíteros (*ḥ*1212 o similares): *ḥnmnm* 'reptar';

e) hexalíteros (123123): *dbndbn* 'dar vueltas';

f) causativos de bilíteros (*s*12): *smn* 'establecer' (de *mn* 'ser estable'), con infinitivo femenino;

g) causativos de trilíteros (*s*123): *sḥtp* 'satisfacer' (de *ḥtp* 'estar a gusto').

Los verbos débiles tienen más de dos consonantes, siendo la última *i͗* o *w*. Estos verbos geminan la 2ª radical en algunas formas verbales y suelen tener un infinitivo femenino. Los tipos de verbos débiles son:

a) *tertiae infirmae*[91] (12*i͗/w*): *mri͗* 'amar', *i͗ri͗* 'hacer', *hrw* 'calmarse'; infinitivo femenino y geminan; se tendrá en cuenta que hay verbos que parecen *tertiae infirmae* pero que no lo son (*šri͗* 'obstruir', sin geminación y con infinitivo masculino) o que sólo tienen infinitivo femenino, pero no geminan (*dmi͗* 'tocar'): en estos verbos, la consonante débil se escribe siempre, lo que no pasa en los *tertiae infirmae*;

b) *quartae infirmae*[92] (123*i͗/w*): los hay con infinitivo femenino y sin geminación (*ḥmsi͗* 'sentarse') y los hay con infinitivo masculino y con geminación (*msḏi͗* 'odiar');

c) causativos de *tertiae infirmae* (*s*12*i͗/w*): sin geminación, pero algunos tienen infinitivo masculino (*smsi͗* 'hacer nacer') y otros femenino (*sḫpi͗* 'acarrear');

d) causativos de *quartae infirmae*, también llamados *quintae infirmae* (*s*123*i͗/w*): *sm3wi͗* 'renovar'; con infinitivo masculino y sin geminación.

Los verbos geminados tienen tres o cuatro radicales, siendo las dos últimas iguales. Todos tienen infinitivo masculino. Hay dos tipos:

[90] Por *infinitivo femenino* se entiende que acaba en *.t* (es decir, formalmente tiene la misma terminación que un nombre femenino).

[91] Literalmente, 'de tercera débil'.

[92] Literalmente, 'de cuarta débil'.

a) *secundae geminatae*[93] (122): *wnn* 'ser, existir'; estos verbos tienen dos temas, breve (12) y largo (122), que se usan dependiendo de las formas verbales;

b) *tertiae geminatae*[94] (1233): *snbb* 'saludar'; se comportan como los verbos fuertes.

Los verbos anómalos son los siguientes:

a) *ỉỉ* / *ỉw* 'venir': es un verbo con dos temas distintos; según la forma verbal (y, a veces, la persona verbal), se elige uno u otro; el rasgo más característico de este verbo es que aparece un infijo *.t.* en el subjuntivo; por lo demás, presenta las irregularidades de los *tertiae infirmae*;

b) / *ỉnỉ* 'traer': como el anterior, presenta un infijo *.t.* en el subjuntivo; por lo demás, presenta las irregularidades de los *tertiae infirmae*;

c) / / *rdỉ*[95] 'dar, causar': este verbo pierde la *r* inicial (/ /) en algunas formas verbales; por lo demás, presenta las irregularidades de los *tertiae infirmae*;

d) *m33* 'ver': destaca porque presenta un infijo *.n.* en el subjuntivo; por lo demás, funciona como un *secundae geminatae*.

Desde el punto de vista morfológico, las formas verbales ("tiempos verbales", "conjugación") presentan distintos grados de complejidad: raíz verbal, raíz verbal + sufijo sujeto, raíz verbal + desinencia propia (pseudoparticipio), raíz verbal + infijo/s + sufijo sujeto. Las funciones de las formas verbales se verán más abajo.

En la tabla que sigue, se muestran las formas verbales según los tipos de verbos que acabamos de ver. Las formas personales están en 3ª masculino singular y los participios en masculino singular (éstos funcionan como los nombres). Por razones de espacio, se han utilizado las abreviaturas siguientes:

- c. neg. = complemento negativo
- pseudop. = pseudoparticipio
- par. = participio
- perf. = perfectivo/a
- imperf. = imperfectivo/a
- prosp. = prospectivo/a
- for. rel. = forma relativa
- act. = activo
- pas. = pasivo.

93 Literalmente, 'de segunda geminada'.

94 Literalmente, 'de tercera geminada'.

95 Originariamente, *rḏỉ*.

Forma verbal	Verbos fuertes		3ae inf.	2ae gem.	Anómalos			
	sḏm	***mn***	***mrỉ***	***wnn***	***mꜣꜣ***	***ỉỉ / ỉw***	***ỉnỉ***	***rdỉ***
infinitivo	*sḏm*	*mn*	*mr.t*	*wnn*	*mꜣꜣ / mꜣ*	*ỉw.t / ỉỉ.t*	*ỉn.t*	*rdỉ.t / dỉ.t*
c. neg.	*sḏm.(w)*	*mn.(w)*	*mr.(w)*	*wnn.(w)*	*mꜣꜣ.(w)*	*ỉw.(w)*	*ỉn.(w)*	*rdỉ.(w)*
nombre verbal	*sḏm.w / sḏm.t*	*mn.w / mn.t*	*mr.w / mr.t*	*wn.w / wn.t*	*mꜣ.w / mꜣ.t*	*ỉw.w / ỉw.t*	*ỉn.w / ỉn.t*	*rdỉ.w / rdỉ.t*
imperativo	*sḏm*	*ỉ.mn / mn*	*mr*	*wn / wnn*	*mꜣ / mꜣꜣ*	*mỉ / ỉỉ / ỉw*	*ỉn*	*ỉmỉ / (r)dỉ*
indicativo	*sḏm.f*	*mn.f*	*mr.f*	*wn.f*	*mꜣ.f*	*ỉỉ.f / ỉw.f*	*ỉn.f*	*rdỉ.f*
aoristo	*sḏm.f*	*mn.f*	*mr.f*	*wnn.f*	*mꜣꜣ.f*	*ỉw.f*	*ỉn.f*	*dỉ.f*
subjuntivo	*sḏm.f*	*mn.f*	*mr.f*	*wn.f*	*mꜣ.f / mꜣn.f*	*ỉw.t.f*	*ỉn.t.f*	*dỉ.f*
mrr.f	*sḏm.f*	*mn.f*	*mrr.f*	*wnn.f*	*mꜣꜣ.f*	*ỉw(w).f*	*ỉnn.f*	*dịdỉ.f*
prospectivo	*sḏm.(w).f*	*ỉ.mn.f / mn.f*	*mr.y.f / mr.(w).f*	*wnn.f*	*mꜣꜣ.f*	*ỉw.(w).f*	*ỉn.y.f / ỉn.(w).f*	*rdỉ.(w).f*
sḏm.n.f	*sḏm.n.f*	*mn.n.f*	*mr.n.f*	*wn.n.f*	*mꜣ.n.f*	*ỉỉ.n.f / ỉw.n.f*	*ỉn.n.f*	*(r)dỉ.n.f*
sḏm.t.f	*sḏm.t.f*	*mn.t.f*	*mr.t.f*	*wnn.t.f*	*mꜣꜣ.t.f*	*ỉỉ.t.f*	*ỉn.t.f*	*rdỉ.t.f*
pseudop.	*sḏm.(w)*	*mn.(w)*	*mr.(w)*	*wn.(w)*	*mꜣ.(w)*	*ỉw.(w) / ỉỉ.kwỉ / ỉỉ.tỉ*	*ỉn.(w)*	*rdỉ.(w)*

Forma verbal	Verbos fuertes		3ae inf.	2ae gem.	Anómalos			
	sḏm	***mn***	***mri***	***wnn***	***mꜣꜣ***	***ỉi / ỉw***	***ỉni***	***rdỉ***
sḏm.ḫr.f	*sḏm.ḫr.f*	*mn.ḫr.f*	*mr.ḫr.f*	*wnn.ḫr.f*	*mꜣꜣ.ḫr.f*	*ỉw.ḫr.f*	*ỉn.ḫr.f*	*rdỉ.ḫr.f*
sḏm.kꜣ.f	*sḏm.kꜣ.f*	*mn.kꜣ.f*	*mr.kꜣ.f*	*wnn.kꜣ.f*	*mꜣꜣ.kꜣ.f*	*ỉw.kꜣ.f*	*ỉn.kꜣ.f*	*rdỉ.kꜣ.f*
sḏm.ỉn.f	*sḏm.ỉn.f*	*mn.ỉn.f*	*mr.ỉn.f*	*wn.ỉn.f*	*mꜣ.ỉn.f*	*ỉw.ỉn.f / ỉi.ỉn.f*	*ỉn.ỉn.f*	*rdỉ.ỉn.f*
sḏm.w.f	*sḏm.(w).f*	*mn.(w).f*	*mr.y.f / mr.(w).f*	-	*mꜣ.(w).f*	-	*ỉn.(w).f / ỉn.y.f*	*rdỉ.(w).f*
sḏm.tw.f	*sḏm.tw.f*	*mn.tw.f*	*mr.tw.f*	-	*mꜣ.tw.f*	-	*ỉn.tw.f*	*dỉ.tw.f*
mrr.tw.f	*sḏm.tw.f*	*mn.tw.f*	*mrr.tw.f*	-	*mꜣꜣ.tw.f*	-	*ỉnn.tw.f*	*didỉ.tw.f*
sḏmm.f	*sḏmm.f*	*mnn.f*	*mr.f*	-	*mꜣꜣ.f*	-	*ỉn.f*	*rdỉ.f*
sḏm.n.tw.f	*sḏm.n.tw.f*	*mn.n.tw.f*	*mr.n.tw.f*	-	*mꜣ.n.tw.f*	-	*ỉn.n.tw.f*	*rdỉ.n.tw.f*
sḏm.ḫr.tw.f	*sḏm.ḫr.tw.f*	*mn.ḫr.tw.f*	*mr.ḫr.tw.f*	-	*mꜣꜣ.ḫr.tw.f*	-	*ỉn.ḫr.tw.f*	*rdỉ.ḫr.tw.f*
sḏm.kꜣ.tw.f	*sḏm.kꜣ.tw.f*	*mn.kꜣ.tw.f*	*mr.kꜣ.tw.f*	-	*mꜣꜣ.kꜣ.tw.f*	-	*ỉn.kꜣ.tw.f*	*rdỉ.kꜣ.tw.f*
sḏm.ỉn.tw.f	*sḏm.ỉn.tw.f*	*mn.ỉn.tw.f*	*mr.ỉn.tw.f*	-	*mꜣ.ỉn.tw.f*	-	*ỉn.ỉn.tw.f*	*rdỉ.ỉn.tw.f*
par. perf. act.	*sḏm.(w)*	*mn.(w)*	*mr.(w) / mr.(y)*	*wn.(w)*	*mꜣ.(w)*	*ỉi.y*	*ỉn.(y)*	*rdỉ / dỉ*

Forma verbal	Verbos fuertes		3ae inf.	2ae gem.			Anómalos	
	sḏm	***mn***	***mri***	***wnn***	***mꜣꜣ***	***ỉi / ỉw***	***ỉni***	***rdi***
par. perf. pas.	*sḏm.(w)*	*mn.(w) / ḏdd*	*mr.y*	-	*mꜣ.(w)*	-	*ỉn.y*	*rd.y*
par. imperf. act.	*sḏm.(w)*	*mn.(w)*	*mrr*	*wnn.(w)*	*mꜣꜣ.(w)*	*ỉww*	*ỉnn*	*didi*
par. imperf. pas.	*sḏm.w*	*mn.w*	*mrr.w*	-	*mꜣꜣ.w*	-	*ỉnn.w*	*didi.w*
par. prosp. act.[96]	*sḏm.(y)*	*mn.(y)*	*mr.y*	*wn.y*	*mꜣ.(y)*	*ỉw.y / ỉw.w*	*ỉn.y*	*di.y*
par. prosp. pas.	*sḏm.y*	*mn.y*	*mr.y*	-		-	*ỉn.y*	*di.y*
sḏm.ty.fy[97]	*sḏm.ty.fy*	*mn.ty.fy*	*mr.ty.fy*	*wnn.ty.fy*	*mꜣꜣ.ty.fy*	*ỉw.ty.fy*	*ỉn.ty.fy*	*rdi.ty.fy*
for. rel. perf.[98]	*sḏm.(w).n.f*	*mn.(w).n.f*	*mr.(w).n.f*	*wn.(w).n.f*	*mꜣ.(w).n.f*	*ỉw.n.f*	*ỉn.(w).n.f*	*rdi.(w).n.f*
for. rel. imperf.	*sḏm.(w).f*	*mn.(w).f*	*mrr.(w).f*	*wnn.(w).f*	*mꜣꜣ.(w).f*	*ỉww.f*	*ỉnn.(w).f*	*didi.(w).f*
for. rel. prosp[99]	*sḏm.(y).f*	*mn.(y).f*	*mr.y.f*	*wn.y.f*	*mꜣ.y.f*	*ỉw.y.f*	*ỉn.(y).f*	*di.y.*

[96] El femenino de los participios prospectivos presenta la terminación femenina .*ti*, a veces escrita .*t*.

[97] A veces, no se escriben las *y*.

[98] Las formas relativas perfectiva e imperfectiva con antecedente femenino, en vez de .*w* llevan .*t*.

[99] Cuando el antecedente es femenino, en lugar de .*y* aparece .*ti*.

3.4.1. Afirmación

Consideraremos ahora las formas verbales desde un punto de vista funcional. Las hemos clasificado semánticamente, según el aspecto que expresan, perfectivo o imperfectivo, tanto en este parágrafo y en el siguiente, lo que responde al hecho de que, en la familia camito-semítica, esta categoría lingüística se morfologiza de más que la del tiempo, al contrario que en la familia indo-europea. En todo caso, no hay que olvidar que las categorías lingüísticas de 'tiempo' y 'aspecto' no son excluyentes entre sí, que suelen aparecer fusionadas en las formas verbales, que no son exclusivas de éstas y que lo más frecuente es que estén presentes en todas las lenguas.

Por otra parte, un criterio enunciativo, el de la afirmación / negación, nos permitirá clasificar transversalmente las formas verbales. Así, nos ocuparemos ahora de las formas afirmativas, sean perfectivas o imperfectivas, activas o pasivas.

Las formas perfectivas son éstas:

Pasado	*Futuro*
indicativo	Prospectivo (predicativo / nominal)

sḏm.n.f (predicativo / nominal)

pseudoparticipio

sḏm.t.f

sḏm.w.f pasivo (predicativo / nominal)

sḏm.n.tw.f	*sḏmm.f*
sḏm.ỉn.f	*sḏm.ḫr.f, sḏm.kꜣ.f*
sḏm.ỉn.tw.f	*sḏm.ḫr.tw.f, sḏm.kꜣ.tw.f*
participios perfectivos	participios prospectivos, *sḏm.ty.fy*
forma relativa perfectiva	forma relativa prospectiva

En cuanto a las formas imperfectivas, son menos numerosas:

Real		*Irreal*
aoristo		subjuntivo
	sḏm.tw.f	
	mrr.f	
	mrr.tw.f	
		imperativo
participios imperfectivos		
forma relativa imperfectiva		
	infinitivo, complemento negativo, nombre verbal	

Una forma perfectiva expresa que la acción verbal está acabada respecto a un punto de referencia, sin especificar su posición respecto al punto de enunciación. Si ese punto de referencia es posterior al de enunciación, la forma perfectiva tendrá sentido futuro; si es anterior, su sentido será de pasado. En teoría, el punto de referencia puede coincidir con el de enunciación. En tal caso, la forma perfectiva tendría sentido de presente. Esto es más bien raro para las formas perfectivas, aunque posible para la *sḏm.n.f* y el pseudoparticipio que suelen expresar la entrada o la situación en el estado subsiguiente a la acción. Por ejemplo, para el verbo *m(w)t* 'morir', que tiene un estado ('estar muerto') ulterior a su acción ('morirse'), la *sḏm.n.f* se puede traducir 'él se muere', 'él se ha muerto' y el pseudoparticipio 'él está muerto'. Por otro lado, algunas formas verbales perfectivas pueden indicar pasado de manera exclusiva (indicativo, participios perfectivos, forma relativa perfectiva) o predominante (*sḏm.n.tw.f*), mientras que otras se han especializado para el futuro (prospectivo, *sḏmm.f*, participios prospectivos, *sḏm.ty.fy*, forma relativa prospectiva).

En cuanto al imperfectivo, el tiempo se desprende del contexto. El imperfectivo sólo indica que la acción verbal no está acabada en el momento del punto de referencia. Sin embargo, el subjuntivo tiene una clara tendencia futura que le permite alternar con el prospectivo. Esto, y el hecho de que los verbos anómalos *ii* / *iw* e *ini* presenten un infijo *.t.*, que se asocia con el perfectivo en las lenguas semíticas, ha llevado a considerar el subjuntivo una forma perfectiva. A pesar de ello, aquí la he clasificado como imperfectiva, no sin dudas. Si lo he hecho así es porque la forma pasiva correspondiente más frecuente es la *sḏm.tw.f*, que es imperfectiva.

Desde el punto de vista enunciativo, hay formas perfectivas e imperfectivas que pueden ser predicativas (de enunciado neutro) y nominales (cuando una forma verbal es tratada como un nombre o en enunciado marcado), como el indicativo, subjuntivo, el prospectivo, la *sḏm.n.f* y la *sḏm.w.f* pasiva, dejando aparte los participios, las formas relativas, el infinitivo, el complemento negativo y el nombre verbal, todas ellas formas nominales y verbales en sí mismas. Otras sólo pueden ser predicativas: el aoristo y la *sḏm.tw.f*. Y otras sólo pueden ser nominales: la *mrr.f*, la *mrr.tw.f* y la *sḏm.n.tw.f*. Dentro de las formas con función nominal, hay algunas que indican énfasis en el adverbio (o sustituto del adverbio) que sigue al verbo: son las llamadas *formas enfáticas* o *tiempos segundos*. Estas formas fueron individualizadas en los años 40 del siglo XX por Polotsky en copto, que extendió luego su análisis a las fases anteriores de la lengua egipcia. Su existencia en egipcio antiguo y medio es aún discutida, e incluso, entre los que las aceptan, su sentido y alcance discutidos. Las formas enfáticas son: la *sḏm.n.f* enfática (perfectiva, predominantemente de pasado), el prospectivo enfático (perfectiva de futuro) y la *mrr.f* (imperfectiva), con sus pasivas: *sḏm.n.tw.f*, *sḏm.w.f* y *mrr.tw.f*.

Por último, desde el punto de vista sintáctico, hay formas verbales que nunca pueden encabezar una proposición: son las formas secuenciales (por oposición, todas las demás son iniciales). La forma *sḏm.kꜣ.f* (y su pasiva *sḏm.kꜣ.tw.f*) expresa un futuro neutro; la forma *sḏm.ḫr.f* (y su pasiva *sḏm.ḫr.tw.f*) expresa un futuro obligatorio; la forma *sḏm.in.f* (y su pasiva *sḏm.in.tw.f*) expresa un pasado. Todas ellas continúan una acción anterior. Las formas *sḏm.kꜣ.f* y *sḏm.ḫr.f* están formadas por el prospectivo con el infijo 𓂓𓅱 *.kꜣ.* o 𓐍𓂋 *.ḫr.*, respectivamente.

En la tabla que sigue, se presentan las formas verbales afirmativas desde un punto de vista funcional, distinguiendo la activa de la pasiva.

Ha de tenerse claro que una forma puede tener más de una función; y una función puede ser expresada por varias formas. En semántica, esto es clave, porque los usos de una forma son como las huellas de su significado. Aquí se usa como ejemplo 𓄔𓅓 *sḏm* ‘escuchar’, pero sólo la traducción: para la forma egipcia, véase la tabla de 3.4.

Forma activa	*Ejemplo*	*Forma pasiva*[100]	*Ejemplo*
indicativo	'él escuchó'	*sḏm.w.f*	'él fue escuchado'
sḏm.n.f predicativa	'él ha / habrá escuchado'	*sḏm.w.f*	'él ha / habrá sido escuchado'
sḏm.n.f enfática	'si él ha / habrá escuchado, es ...'	*sḏm.n.tw.f*	'si él ha / habrá sido escuchado, es ...'
pseudoparticipio	'él es escuchado'[101]	-	-
sḏm.t.f	'una vez que él haya escuchado'	-	-
prospectivo predicativo	'él escuchará'	*sḏm.w.f* / *sḏmm.f*	'él será escuchado'
prospectivo enfático	'si él escuchará, es ...'	*sḏm.w.f* enfático	'si él será escuchado, es ...'
par. perf. act.	'el que ha escuchado'	par. perf. pas.	'el que ha sido escuchado'
par. prosp. act. / *sḏm.ty.fy*	'el que escuchará'	par. prosp. pas.	'el que será escuchado'
for. rel. perf.	'aquél al que él ha escuchado'	-	-

[100] Véase la reciente interpretación de la pasiva de A. Stauder, *The Earlier Egyptian passive: voice and perspective*, LingAeg – StudMon 14 (Hamburgo: Widmaier, 2014).
[101] Con un verbo intransitivo, el pseudoparticipio indica una situación ('él es bueno') o, si es un verbo de movimiento, funciona como el indicativo ('él vino') o indica también la situación ('aquí ha venido', 'aquí está').

Forma activa	*Ejemplo*	*Forma pasiva*	*Ejemplo*
for. rel. prosp.	‘aquél al que él escuchará’	-	-
sḏm.ḫr.f	‘y él deberá escuchar’	*sḏm.ḫr.tw.f*	‘y él deberá ser escuchado’
sḏm.kꜣ.f	‘y él escuchará’	*sḏm.kꜣ.tw.f*	‘y él será escuchado’
sḏm.in.f	‘y él escuchó’	*sḏm.in.tw.f*	‘y él fue escuchado’
aoristo	‘él escucha / escuchaba’	*sḏm.tw.f*	‘él es / era escuchado’
mrr.f	‘si él escucha / escuchaba, es ...’	*mrr.tw.f*	‘si él es / era escuchado, es ...’
subjuntivo	‘que él escuche’	*sḏm.tw.f*	‘que el sea escuchado’
imperativo	‘¡escucha!’	-	-
par. imperf. act.	‘el que escucha’	par. imperf. pas.	‘el que es escuchado’
for. rel. imperf.	‘aquél al que él escucha’	-	-
infinitivo	‘escuchar’	infinitivo	‘ser escuchado’
c. neg.	‘no escuchar’	c. neg.	‘no ser escuchado’
nombre verbal	‘la escucha’	-	-

Veamos ahora las funciones de las formas verbales en detalle. Comenzaremos por las formas personales, primero las perfectivas y luego las imperfectivas, siguiendo luego por los participios, las formas relativas, el infinitivo, el complemento negativo y el nombre verbal. La negación de todas ellas se verá en el parágrafo siguiente y se incluirá luego una tabla global de las funciones de las formas verbales.

El indicativo ( ) es una forma perfectiva y, como tal, una forma típica de la narración. Presenta la acción de forma total en el pasado. Normalmente, se ha considerado que esta forma indica una narración abrupta (como la frase de César *Veni, vidi, vinci* 'Vine, vi, vencí'). Esto resulta de su carácter global: no tiene en cuenta los resultados de las acciones en absoluto. La mejor traducción es el pretérito indefinido. Sin embargo, en el discurso, aunque su uso es mucho menor, el indicativo indica un pasado muy reciente ('acabar de + infinitivo'). Se puede nominalizar dentro de una *Wechselsatz*. En egipcio medio, el indicativo tiene un uso muy restringido (casi siempre con acabamientos), siendo más utilizado como negación de la *sḏm.n.f* predicativa. El equivalente pasivo es la *sḏm.w.f* ( ).

La *sḏm.n.f predicativa* ( ) es una forma perfectiva y terminativa. Presenta una acción acabada y parte del estado que resulta de ella. En la narración, con un verbo de cualidad como *nfr* 'ser bello', la *sḏm.n.f* se traduce bien por 'se volvió bello', 'embelleció'. Con un verbo transitivo, tiene un sentido de plenitud, indicando que el paciente es afectado totalmente por la acción. Por ejemplo, el indicativo *wnm.f t pn* tiene el sentido de 'él comió este pan', mientras que *wnm.n.f t pn* significa más bien 'él se comió este pan (entero)'. Con los verbos de movimiento, la *sḏm.n.f* predicativa es sustituida por el pseudoparticipio por la razón que veremos al tratar de la *sḏm.n.f* enfática. En el discurso, la *sḏm.n.f* predicativa expresa el perfecto de los verbos transitivos (precedida casi siempre por las partículas *ỉw* o *mk*), mientras que el de los intransitivos lo expresa el pseudoparticipio. El equivalente pasivo es, como para el indicativo, la *sḏm.w.f* ( ).

La *sḏm.n.f enfática* ( ) es la forma perfectiva y terminativa que se utiliza para rematizar una circunstancia (sintagma preposicional, adverbio o proposición subordinada circunstancial). Es decir, se trata de una forma de enunciado marcado. Tal característica la hace incompatible con la narración. Se usa, por lo tanto, para explicar una narración y, sobre todo, en el discurso. Formalmente, no parece distinguirse de la *sḏm.n.f* predicativa. Con los verbos transitivos, aparece en posición inicial sin estar precedida por auxiliar de enunciación (como *iw* o *mk*). Así, el enunciado neutro *iw wnm.n.ỉ t pn mỉn* 'Me he comido este pan hoy', puede convertirse en marcado mediante *wnm.n.ỉ t pn mỉn* 'Es hoy cuando me he comido este pan'. Se notará que la pregunta a la que responde la primera proposición es '¿Qué has comido hoy?', mientras aquélla a la que responde la segunda es '¿Cuándo te has comido este pan?'.

Con la mayoría de los verbos de movimiento[102], la *sḏm.n.f* es siempre enfática: no hay *sḏm.n.f* predicativa. Esto se debe al carácter terminativo de esta forma verbal: dado que en la zona terminal de la expresión de un movimiento hay siempre un complemento de dirección (un adverbio o un sintagma preposicional), éste queda enfatizado inmediatamente por la *sḏm.n.f*. Para expresar el perfectivo terminativo (asimilado al perfecto) se usa entonces el pseudoparticipio. Por ejemplo: *ỉỉ.kwỉ m pr.ỉ* 'He venido a mi casa', pero *ỉỉ.n.ỉ m pr.ỉ* 'Es a mi casa adonde he venido'. Esta *sḏm.n.f* también se usa como forma nominal. Por ejemplo, *nfr wnm.n.k* 'Es bueno el hecho de que hayas comido' (una PPAdj en la que el lugar del nombre lo ocupa la *sḏm.n.f* nominal). Los equivalentes pasivos son: *sḏm.w.f* ( ) y *sḏm.n.tw.f* ( ).

El pseudoparticipio es una forma perfectiva y perfecta. Presenta la situación (sea un estado o una acción) resultante de la acción. Con los verbos transitivos (salvo *rḫ* 'conocer' y *ḫmỉ* 'ignorar') toma significado pasivo; con los intransitivos, activo. Con los verbos de movimiento, como acabamos de ver, indica el terminativo-perfecto. Con los verbos de cualidad, expresa el estado temporal de la misma (*nfr.kwỉ* 'Soy bello (ahora)'), oponiéndose a la PPAdj que indica el estado atemporal de la cualidad (*nfr wỉ* 'Soy bello'). Con otros verbos intransitivos, indica el estado resultante de la acción (*ꜥnḫ.kwỉ* 'Estoy vivo'). En la narración, a veces, el pseudoparticipio tiene el mismo sentido que el indicativo. En el discurso, es un perfecto.

La *sḏm.t.f* ( ) es una forma perfectiva de límite: expresa el momento crucial de la acción, pero no incluye la situación resultante. En egipcio medio, esta forma sólo aparece tras la negación *n* y tras las conjunciones *r* (con el sentido 'hasta que') y *ḏr* (con los sentidos 'antes de que' y 'des-

[102] Los verbos de movimiento no son una clase homogénea en cuanto a su transitividad se refiere, de manera que algunos de ellos pueden presentar *sḏm.n.f* predicativa (no enfática).

de que') en proposiciones subordinadas adverbiales. Por ejemplo, *nn ỉw.ỉ m pr r šm.t.k ỉm.f* 'No vendré a casa hasta que no te hayas ido de ella'. No tiene equivalente pasivo, aunque parece haber algunos casos en que la propia *sḏm.t.f* tiene sentido pasivo.

El prospectivo predicativo ( ) es una forma perfectiva de futuro objetivo. Así, *wnm.w.ỉ* significa 'Comeré'. Por su perfectividad, se opone a la construcción *r* + infinitivo; por su objetividad, se opone al subjuntivo (una forma modal), que veremos más abajo. En egipcio medio, se asiste a una sustitución progresiva del prospectivo predicativo por la construcción *r* + infinitivo (en contextos objetivos) y por el subjuntivo (en contextos de nominalización y modales). Los equivalentes pasivos son la *sḏm-m.f* ( ), forma en desuso progresivo en egipcio medio, y la *sḏm.w.f* ( ).

El prospectivo enfático ( ) es la forma perfectiva futura que se utiliza para rematizar una circunstancia. En egipcio medio, esta forma mantiene una mayor resistencia a ser sustituida por otras que el prospectivo predicativo. Formalmente, no se diferencia de éste. Así, dependiendo del contexto, la proposición *wnm.w.ỉ t pn mỉn* puede significar tanto 'Me comeré este pan hoy' como 'Es hoy cuando me comeré este pan'. Los datos cotextuales que pueden ayudar a distinguir ambas formas (o, quizás, ambos usos de esta forma) son los siguientes:

a) una tematización precediendo el prospectivo hace pensar que se trata del predicativo (p.ej., *t pn wnm.w.ỉ sw mỉn* 'Este pan, me lo comeré hoy');

b) la negación *nn ... ỉs* en el cotexto, sobre todo si afecta a expresiones semánticamente parecidas (p.ej., *šm.w.ỉ ʿḥʿ.kwỉ nn šm.w.ỉ ỉs sḫd.kwỉ* 'Es de pie como andaré; no es estando cabeza abajo como andaré').

Este prospectivo también se usa como forma nominal. Por ejemplo, *nfr ỉw.w.k* 'Es bueno el hecho de que vengas' (una PPAdj en la que el lugar del nombre lo ocupa el prospectivo nominal). El equivalente pasivo es la *sḏm.w.f* ( ).

La forma *sḏm.ḫr.f* ( ) es una forma secuencial perfectiva futura de obligación. Así, *ỉw.f m pr wnm.ḫr.f t pn* significa 'Volverá a casa y, entonces, deberá comerse este pan'. El equivalente pasivo es la *sḏm.ḫr.tw.f* ( ).

La forma *sḏm.k3.f* ( ) es una forma secuencial perfectiva futura neutra. Así, *iw.f m pr wnm.k3.f t pn* significa 'Volverá a casa y, entonces, se comerá este pan'. El equivalente pasivo es la *sḏm.k3.tw.f* ( ).

La forma *sḏm.in.f* ( ) es una forma secuencial perfectiva de pasado. Así, *ii.f m pr wnm.in.f t pn* significa 'Volvió a casa y, entonces, se comió este pan'. El equivalente pasivo es la *sḏm.in.tw.f* ( ).

El aoristo ( ) es la forma imperfectiva general predicativa. Su generalidad lo opone a la forma *ḥr* + infinitivo, que expresa el progresivo. El aoristo puede aparecer en cualquier contexto temporal. Expresa una acción sin indicar su fin, por lo que se usa principalmente en descripciones, en aforismos y en procesos habituales. Como proposición principal (no subordinada) va precedida de un auxiliar de enunciación (generalmente *iw*) y normalmente también por una tematización del sujeto (nominal o pronominal), creándose una estructura que parece gramaticalizada. Por esta razón, es extremadamente raro encontrar un aoristo con sujeto nominal. Por ejemplo, *iw it.i sḏm.f* 'Mi padre escucha / escuchaba' o *iw.f sḏm.f* 'Él escucha / escuchaba'. Es decir, frecuentemente, esta forma adopta la estructura de una PPA (S + P). Sin embargo, no es asimilable a ella, ya que se trata de una forma verbal y, por lo tanto, inscribe el proceso en el tiempo. Se usa, con el sentido que acabamos de ver, tanto con verbos transitivos como intransitivos. Con los verbos de cualidad, tiene una dinamicidad que la opone a la PPAdj. Así, *iw.i nfr.i* se traduce mejor por 'Estoy / estaba guapo', mientras que *nfr wi* expresa 'Soy bello'. El uso del aoristo en proposiciones subordinadas adverbiales virtuales, muy frecuente, se estudiará al tratar de esas subordinadas. El equivalente pasivo es la *sḏm.tw.f* ( ).

La forma *mrr.f* ( ) es la correspondiente enfática del aoristo. Al igual que las otras formas enfáticas que hemos visto (la *sḏm.n.f* y el prospectivo), se usa para rematizar un circunstancial, pero se opone a ellas en que es un imperfectivo. Es decir, *iww it.i m pr* significa 'Es a casa adonde mi padre viene / venía'. Esta forma también se usa como forma nominal. Por ejemplo, *nfr mrr.k wi* 'Es bueno el hecho de que me ames / amaras'. El uso de la *mrr.f* en proposiciones subordinadas se estudiará al tratar de las subordinadas. El equivalente pasivo es la *mrr.tw.f* (

).

El subjuntivo es una forma modal que se suele considerar, a causa de su supletismo con el prospectivo y del infijo *.t.* en los verbos / *ỉỉ* / *ỉw* e *ỉnỉ*, una forma perfectiva. Sin embargo, aquí la consideramos imperfectiva por las razones siguientes:

a) el supletismo con el prospectivo no implica por necesidad que ambas formas expresen el mismo aspecto: a lo largo del tiempo, una forma puede cambiar de aspecto (del perfectivo al imperfectivo) y de modo (del real al hipotético), de manera que el supletismo se puede producir por similitud modal y no aspectual[103];

b) la pasiva más frecuente del subjuntivo es la *sḏm.tw.f*, imperfectiva.

El subjuntivo, en proposición principal, se usa para órdenes (yusivo) sustituyendo al imperativo, p. ej. *ỉw.t.k m pr.ỉ* '¡Que vengas a mi casa !' Asimismo, para expresar deseos (desiderativo): *wnm.ỉ t pn* '¡Me comería este pan!', '¡(Ojalá / Si) pudiera comerme este pan!' Tiene también un uso nominal (pero nunca enfático): *nfr ỉw.t.k* 'Sería (lit. es) bueno que vinieras'; pero sus usos en subordinadas serán estudiados al tratar éstas. Su pasiva es la *sḏm.tw.f* (); a veces, la *sḏm.w.f* (), alternancia que quizás indique el supletismo mencionado del subjuntivo y el prospectivo.

El imperativo expresa una orden. Sólo existe en segunda persona (singular y plural), siendo el sujeto el receptor del enunciado. Este sujeto no se expresa en la forma verbal, pero aparece con frecuencia en forma de vocativo (*ỉ ỉt.ỉ* '¡Oh, padre mío!'), de implicativo (*wnm ỉr.k t pn* '¡Come, en cuanto a ti, este pan!') o de dativo ético (*wnm n.k t pn* '¡Cómete este pan!'). Morfológicamente, el singular presenta la raíz verbal, generalmente el tema breve, aunque con los *secundae geminatae* aparece también el tema 122. Con los bilíteros y los tertiae infirmae, puede aparecer el alef protético (p.ej., *ỉ.zb* '¡Pasa!', del verbo *zbỉ* 'pasar'). El plural puede llevar la desinencia *.w* (*.y* con los débiles) y, frecuentemente, el determinativo de plural (). Hay tres imperativos irregulares:

a) además del imperativo regular de *rdỉ* 'dar', que es *dỉ* / *rdỉ*, existe también *ỉmỉ* '¡Da!';

[103] Cf. D. Cohen, *L'aspect verbal* (París: PUF, 1989). Este autor muestra, para el semítico, el desplazamiento semántico diacrónico: perfectivo > imperfectivo > modal.

b) el verbo / *ii* / *iw* 'venir' dispone de un imperativo regular / , pero es mucho más frecuente / *mi* '¡Ven!';

c) el verbo defectivo (sólo en imperativo) *m* '¡Coge!' (existe un verbo *iṯi* 'coger, tomar, llevarse' que se conjuga en todas las formas); cuando el verbo *m* va seguido del dativo ético (*m n.k*), es frecuente encontrar la grafía . Nótese que el auxiliar de enunciación *mk* parece ser, etimológicamente, un imperativo de un verbo 'ver', seguido por el sufijo singular (*m.k*), ya que también se encuentra en plural (*m.ṯn*), según el receptor sea singular o plural. El imperativo se puede extender a la 1ª y 3ª personas por medio del imperativo que acabamos de ver: *imi wnm.i t pn* significa '¡Haz que yo coma este pan!' = '¡Déjame comer este pan!'). El imperativo no tiene forma pasiva.

En resumen, según tipos actanciales de los verbos y aspectos, las principales formas verbales predicativas se reparten funcionalmente así:

	Verbos transitivos	*Verbos intransitivos*		
		Movimiento	*Otros*	*Cualidad*
	wnm 'comer'	*h3i* 'bajar'	*ḫpr* 'ocurrir'	*nfr* 'ser bello'
Perfectivo	indicativo			
Perfectivo terminativo	*sḏm.n.f*	pseudoparticipio	*sḏm.n.f*	
Perfecto	*sḏm.n.f*	pseudoparticipio		
Imperfectivo	aoristo			
Imperfectivo progresivo	*ḥr* + infinitivo			
Prospectivo	prospectivo			

Las formas que estudiaremos ahora (participios, formas relativas, infinitivo, complemento negativo y nombre verbal) son todas nominales: pueden desempeñar funciones típicas de los nombres sin necesidad de ningún cambio morfológico ni sintáctico.

Los participios son: perfectivos (activo y pasivo), imperfectivos (activo y pasivo) y prospectivos (activo y pasivo). Pueden cumplir funciones de los adjetivos y, nominalizándose, de nombres. Como verbos, pueden ir acompañados de sus actantes. Casos dignos de aclaración son:

a) el objeto directo pronominal de un participio activo se expresa, como en el resto de las formas verbales, con los pronombres personales dependientes;

b) el agente nominal de un participio pasivo se puede expresar, como en el resto de formas pasivas, con un complemento de agente (*in* / *ḫr* + nombre), pero también mediante el genitivo directo e indirecto;

c) el agente pronominal de un participio pasivo se expresa por medio del pronombre personal sufijo.

Las construcciones con un participio pasivo merecen atención. Casos posibles:

a) el antecedente es el sujeto del participio: *z šꜥ.(w)* 'el hombre (que) ha sido cortado';

b) el antecedente es el complemento de nombre del sujeto del participio: *z šꜥ.(w) ḥr.f* 'el hombre (cuya) cara ha sido cortada';

c) el antecedente es el objeto indirecto del participio: *z šꜥ.(w) n.f* 'el hombre para (el que) se ha cortado (algo)';

d) el antecedente es el complemento circunstancial del participio: *z šꜥ.(w) ḥr.f* 'el hombre sobre (el que) se ha cortado (algo)'.

Para el participio como predicado de una proposición partida.

El participio prospectivo activo compite con la forma *sḏm.ty.fy* ( ), de igual significado. Al igual que aquél, es una forma perfectiva y prospectiva. Así, ambas formas se oponen a la construcción *n.ty r* + infinitivo, que es imperfectiva y futura (para las proposiciones relativas).

Las formas relativas se utilizan cuando su sujeto no coincide con el antecedente y cuando la voz es activa, oponiéndose en esto a las construcciones de participio pasivo. Hay tres formas relativas: perfectiva, imperfectiva y prospectiva. Las formas relativas constan de: raíz verbal + marca aspectual + índice del antecedente + sujeto. El índice del antecedente concuerda en género y número con el antecedente. Para su morfología con los diferentes tipos de verbos, cf. la tabla de 3.4. El antecedente puede ser el objeto directo, el objeto indirecto, un complemento de nombre o un circunstancial de la proposición de la forma relativa. En el caso del objeto directo, el antecedente va seguido, simplemente, por la forma relativa. Pero en los otros casos, aparece un sintagma con un pronombre sufijo anafórico (referido al antecedente) tras la forma relativa para marcar la función del antecedente en la proposición de la forma relativa. Como ejemplo utilizaremos el caso del sujeto en 1ª persona singular.

a) El antecedente es el objeto directo de la proposición de la forma relativa:

Antecedente	Forma relativa		
	Perfectiva	Imperfectiva	Prospectiva
Masculino singular	*z mr.(w).n.i* 'El hombre que he amado'	*z mrr.(w).i* 'El hombre que amo'	*z mr.y.i* 'El hombre que amaré'
Femenino singular	*z.t mr.t.n.i* 'La mujer que he amado'	*z.t mrr.t.i* 'La mujer que amo'	*z.t mr.ti.i* 'La mujer que amaré'
Masculino plural	*z.w mr.w.n.i* 'Los hombres que he amado'	*z.w mrr.w.i* 'Los hombres que amo'	*z.w mr.y.i* 'Los hombres que amaré'
Femenino plural	*z.wt mr.wt.n.i* 'Las mujeres que he amado'	*z.wt mrr.wt.i* 'Las mujeres que amo'	*z.wt mr.ti.i* 'Las mujeres que amaré'

b) El antecedente es el objeto indirecto de la proposición de la forma relativa:

Antecedente	Forma relativa		
	Perfectiva	Imperfectiva	Prospectiva
Masculino singular	*z ḏd.(w).n.i n.f* 'El hombre a quien he hablado'	*z ḏd.(w).i n.f* 'El hombre a quien hablo'	*z ḏd.y.i n.f* 'El hombre a quien hablaré'

Antecedente	Forma relativa		
Femenino singular	*z.t ḏd.t.n.ỉ n.s* 'La mujer a quien he hablado'	*z.t ḏd.t.ỉ n.s* 'La mujer a quien hablo'	*z.t ḏd.tỉ.ỉ n.s* 'La mujer a quien hablaré'
Masculino plural	*z.w ḏd.w.n.ỉ n.sn* 'Los hombres a quienes he hablado'	*z.w ḏd.w.ỉ n.sn* 'Los hombres a quienes hablo'	*z.w ḏd.y.ỉ n.sn* 'Los hombres a quienes hablaré'
Femenino plural	*z.wt ḏd.wt.n.ỉ n.sn* 'Las mujeres a quienes he hablado'	*z.wt ḏd.wt.ỉ n.sn* 'Las mujeres a quienes hablo'	*z.wt ḏd.tỉ.ỉ n.sn* 'Las mujeres a quienes hablaré'

c) El antecedente es un complemento de nombre en la proposición de la forma relativa:

Antecedente	Forma relativa		
	Perfectiva	Imperfectiva	Prospectiva
Masculino singular	*z mr.(w).n.ỉ ḥr.f* 'El hombre cuyo rostro he amado'	*z mrr.(w).ỉ ḥr.f* 'El hombre cuyo rostro amo'	*z mr.y.ỉ ḥr.f* 'El hombre cuyo rostro amaré'
Femenino singular	*z.t mr.t.n.ỉ ḥr.s* 'La mujer cuyo rostro he amado'	*z.t mrr.t.ỉ ḥr.s* 'La mujer cuyo rostro amo'	*z.t mr.tỉ.ỉ ḥr.s* 'La mujer cuyo rostro amaré'
Masculino plural	*z.w mr.w.n.ỉ ḥr.w.sn* 'Los hombres cuyos rostros he amado'	*z.w mrr.w.ỉ ḥr.w.sn* 'Los hombres cuyos rostros amo'	*z.w mr.y.ỉ ḥr.w.sn* 'Los hombres cuyos rostros amaré'

Antecedente		Forma relativa	
Femenino plural	*z.wt mr.wt.n.i ḥr.w.sn* 'Las mujeres cuyos rostros he amado'	*z.wt mrr.wt.i ḥr.w.sn* 'Las mujeres cuyos rostros amo'	*z.wt mr.ti.i ḥr.w.sn* 'Las mujeres cuyos rostros amaré'

d) El antecedente es un circunstancial de la proposición de la forma relativa:

Antecedente		Forma relativa	
	Perfectiva	Imperfectiva	Prospectiva
Masculino singular	*z šm.(w).n.i ḥnʿ.f* 'El hombre con quien he ido'	*z šm.(w).i ḥnʿ.f* 'El hombre con quien voy'	*z šm.y.i ḥnʿ.f* 'El hombre con quien iré'
Femenino singular	*z.t šm.t.n.i ḥnʿ.s* 'La mujer con quien he ido'	*z.t šm.t.i ḥnʿ.s* 'La mujer con quien voy'	*z.t šm.ti.i ḥnʿ.s* 'La mujer con quien iré'
Masculino plural	*z.w šm.w.n.i ḥnʿ.sn* 'Los hombres con quienes he ido'	*z.w šm.w.i ḥnʿ.sn* 'Los hombres con quienes voy'	*z.w šm.y.i ḥnʿ.sn* 'Los hombres con quienes iré'
Femenino plural	*z.wt šm.wt.n.i ḥnʿ.sn* 'Las mujeres con quienes he ido'	*z.wt šm.wt.i ḥnʿ.sn* 'Las mujeres con quienes voy'	*z.wt šm.ti.i ḥnʿ.sn* 'Las mujeres con quienes iré'

El infinitivo carece de tiempo, aspecto, persona y voz verbales: es la acción verbal en sí misma. Sin embargo, a veces se expresan sus actantes, en general, de manera normal. El sujeto presenta una peculiaridad: si es pronominal se expresa con el pronombre sufijo (lo normal en el verbo), pero si es nominal puede ir precedido por la partícula *in* (*ḫr* si es un sujeto divino), especialmente con los verbos transitivos, con los que esta construcción parece ser la norma. El objeto directo pronominal, por su parte, puede expresarse con un pronombre sufijo, pero si el sujeto también es pronominal, se recurre al habitual pronombre dependiente. Por ejemplo, *iw ini.n.i t r wnm.f z.t* 'He traído un pan para que la mujer lo coma', pero *iw ini.n.i t r wnm.i sw* 'He traído un pan para comerlo yo'. El infinitivo suele aparecer en títulos. Un uso particular es el de continuar una forma personal en una narración: es el infinitivo narrativo. También puede continuar una orden (normalmente con alguna forma de futuro) y un deseo. Como forma nominal, puede desempeñar las funciones de un nombre.

El complemento negativo sustituye al infinitivo tras las negaciones *tm*, *imi* y *m*. Como verbo, puede llevar actantes. El sujeto va con la negación (si es pronominal) o tras el complemento negativo (si es nominal). El objeto directo se expresa, normalmente, con el pronombre dependiente. La pasiva afecta morfológicamente a la negación, no al complemento negativo.

El nombre verbal es un nombre creado a partir de un verbo (un nombre deverbal). Expresa una noción abstracta relacionada con la acción que indica el verbo: el acto. El nombre verbal puede tener una terminación de tipo masculino (*.w*) o femenino (*.t*). No todos los verbos tienen ambos tipos de nombres verbales. En el caso de que así sea, los nombres verbales no tienen por qué significar lo mismo. Por ejemplo, del verbo *pri* 'subir, salir' derivan los nombres verbales *pr.w* 'parte extra, excedente' y *pr.t* 'procesión'. El nombre verbal funciona como cualquier otro nombre, aunque, en casos muy determinados (principalmente con un pronombre sufijo), parece comportarse como un infinitivo. No tiene negación propia.

3.4.2. Negación

Antes de considerar las formas y construcciones negativas correspondientes a las afirmativas que hemos mostrado en el parágrafo anterior, veamos las negaciones del egipcio medio, ya que presentan una diversidad formal y funcional notable.[104]

[104] Véase J. Winand & E. Oréal (eds.), *Negation in Ancient Egyptian*, The Mouton Compa-

Cuando se trata de negar una proposición entera (negación de contradicción), se usan las siguientes negaciones:

a) 𓂜 *n*: es la negación de uso más general, ya que niega tanto la proposición verbal como las no verbales; se gramaticalizará con las formas perfectivas (indicativo, *sḏm.n.f* predicativa y *sḏm.t.f*);

b) 𓂜𓈖 *nn*: en origen, es la negación 𓂜 más la partícula de refuerzo 𓇋𓈖 (*n-in* > *n-(i)n* > *nn*); su primer significado es expresar la denegación ('no es que + proposición'), evolucionando hacia una negación de contradicción del modo no real (prospectivo, subjuntivo y proposiciones de inexistencia);

c) 𓅓 *m*: imperativo del verbo negativo *imi*; se usa para expresar el vetitivo (negación del imperativo); el verbo negado va en complemento negativo;

d) 𓇋𓅓𓂜 / 𓇋𓅓𓂜 *imi*: este verbo va en subjuntivo y el verbo negado en complemento negativo; niega el yusivo y el desiderativo, aunque no de manera exclusiva (*n* / *nn* + subjuntivo también lo niega), y nunca niega las funciones subordinadas del subjuntivo (*n* / *nn* + subjuntivo lo hace);

e) 𓂜𓊃𓊪 *n-zp*: es la negación general de contradicción + el indicativo del verbo *zp* 'ocurrir una vez'; va seguida del verbo negado en subjuntivo o prospectivo; el sentido es 'nunca + pasado del verbo negado'; su uso es muy restringido;

f) 𓂜𓈖𓊃𓊪 *nn-zp*: tiene el mismo sentido que la anterior, pero en futuro ('nunca + futuro del verbo negado'); su uso es muy restringido;

g) 𓂜𓈖𓅮𓆑 *n-pꜣ.f*: es la negación general de contradicción + el indicativo del verbo 𓅮 *pꜣ* 'ocurrir en el pasado'; va seguida del verbo negado en infinitivo; su sentido es igual al de *n-zp* ('nunca + pasado del verbo negado'), de hecho, a veces, ambos verbos aparecen combinados, reforzándose (*n-zp pꜣ.f* + infinitivo); su uso es muy restringido;

h) 𓅱 *w* (enclítica): aparece tras el subjuntivo para expresar prohibiciones en el discurso; se debilita pronto, apareciendo como partícula de refuerzo negativo de otra negación (*n* / *nn* + subjuntivo + *w*); su uso es muy restringido;

i) 𓄤𓂋 𓊪𓅱 *nfr-pw*: es el participio perfectivo del verbo 𓄤𓂋 *nfr* ('ser perfecto, ser bello, estar completamente acabado') + la marca de sujeto de la PPN; lo que sigue a esta negación es un nombre o una forma verbal nominal / nominalizada; el sentido es 'no hay'; su uso es muy restringido;

j) 𓄤𓂋𓈖 *nfr.n*: es la *sḏm.n.f* predicativa del verbo *nfr* (que acabamos de ver) +

---

nions to Ancient Egyptian 3 (Berlín: De Gruyter Mouton, 2017).

forma verbal nominalizada; el sentido es 'no ha habido'; esta negación se usa en proposiciones subordinadas y suele ser reemplazada por la negación *tm*; su uso es muy restringido;

k) *ỉw.ty*: se trata del pronombre relativo negativo, que sirve para introducir proposiciones subordinadas adjetivales.

Cuando se trata de negar un predicado o una parte de un predicado (negación de contrariedad), hay varios medios según la función de la parte negada:

a) ... *n* ... *ỉs*: niega el rema focalizado o enfatizado (o parte de él), colocándose al principio de la proposición envolviendo la primera unidad acentual;

b) *n-ỉs* niega un circunstancial no verbal en enunciado neutro;

c) *ny* niega un circunstancial verbal en enunciado neutro;

d) *tm*, que es un verbo y, por tanto, se conjuga, yendo seguido por el complemento negativo: niega las formas verbales nominales y nominalizadas no enfáticas subordinadas, así como las formas verbales secuenciales.

Hablando en general desde un punto de vista lingüístico, el sistema verbal negativo no suele ser simétrico respecto al afirmativo. Esto se debe a que la negación (la de contradicción) modaliza toda una proposición: cuando se niega un enunciado se lo coloca en el ámbito de lo no real. Debido a este hecho, en egipcio (como en muchas otras lenguas), el sistema verbal presenta reestructuraciones en el paradigma negativo.

Una de ellas ya la hemos visto. En egipcio, debido a la reticencia a negar cualidades (lo cual trasciende igualmente en las representaciones figurativas, que, en detrimento de la perspectiva visual, favorecen una perspectiva total, gracias a la cual todos los elementos de la figuración aparecen a la vista del espectador), la PPAdj carece de negación propia, negándose con la forma verbal *n sḏm.n.f* del verbo de cualidad correspondiente. Esta misma forma se usa para negar el pseudoparticipio de los verbos intransitivos (ver la tabla siguiente). Ahora bien, y aquí aparece la reestructuración principal de la que hablamos: ¿cómo puede una forma perfectiva como la *sḏm.n.f* predicativa negar un estado permanente (cualidad, pseudoparticipio)? Se esperaría, sin duda, una negación con una forma imperfectiva (aoristo). Lo que ocurre se debe al carácter aspectual terminativo de la *sḏm.n.f*. Se trata de una implicación enunciativa: si se dice, por ejemplo, que, en un momento determinado, alguien no ha sido bello, se puede suponer que inmediatamente después (esto es, en el estado que resulta de la acción de no haber sido bello) sigue sin serlo. De esta manera, [jeroglíficos] *n nfr.n.f* significaría, en principio, 'Él no ha sido bello', desprendiéndose inmediatamente 'Y ya no lo es'. Pero el desplazamiento semántico va más allá, ya que *n nfr.n.f* significa, en egipcio medio, 'Él no puede ser bello'. Este sentido está garantizado por la alternancia de esta forma con la forma *nn* + prospectivo, que significa 'no es que + futuro' (p.ej., [jeroglíficos] *nn nfr.w.f* 'No es que él será bello' > 'Él no será bello en absoluto'). Ambas formas expresan, por lo tanto, la idea de imposibilidad, una en general (*n sḏm.n.f*) y la otra en el futuro (*nn* + prospectivo). Este "cruce" de perfectivo a imperfectivo por medio de la negación se debe a la misma causa que el desplazamiento diacrónico perfectivo > imperfectivo > modal del que hemos hablado al tratar del subjuntivo.

Con estos datos, podemos clasificar funcionalmente las formas verbales negativas en la tabla que sigue, teniendo en cuenta que se han utilizado estas abreviaturas: subj. = subjuntivo; prosp. = prospectivo; enf. = enfático; pred. = predicativo; pseudop. = pseudoparticipio; pas. = pasivo; act. = activo; par. = participio; perf. = perfectivo; imperf. = imperfectivo; c. neg. = complemento negativo:

Forma activa	*Ejemplo*	*Forma pasiva*	*Ejemplo*
n + indicativo *n-zp* + subj. / prosp. *n-pꜣ* + infinitivo[105]	'él no escuchó', 'él nunca escuchó'	*n* + *sḏm.w.f* pred.	'él no fue escuchado'
n + *sḏm.n.f* enf. + *is*	'si él ha / habrá escuchado, no es ...'	*n* + *sḏm.w.f* enf. pas. + *is* *n* + *sḏm.n.tw.f* + *is*	'si él ha / habrá sido escuchado, no es ...'
n + pseudop.[106]	'él no es escuchado'	-	-
n + *sḏm.t.f*	'él no ha escuchado todavía'	-	-
nn + prosp. pred.	'él no escuchará'	*n* + *sḏmm.f* *nn* + *sḏm.w.f* pred. pas.	'él no será escuchado'

[105] Estas tres construcciones niegan tanto el indicativo como la *sḏm.n.f* predicativa.

[106] Muy rara. Normalmente se niega con *n sḏm.n.f* (verbos intransitivos) o con *n sḏm.w.f* (verbos transitivos).

Forma activa	*Ejemplo*	*Forma pasiva*	*Ejemplo*
nn + prosp. enf. + *ỉs*	'si él escuchará, no es ...'	*n* + *sḏm.w.f* enf. pas. + *ỉs*	'si él será escuchado, no es ...'
tm (par. perf. act.) + c. neg.	'el que no ha escuchado'	*tm* (par. perf. pas.) + c. neg.	'el que no ha sido escuchado'
tm (par. prosp. act.) *tm.ty.fy* + c. neg.	'el que no escuchará'	*tm* (par. prosp. pas.) + c. neg.	'el que no será escuchado'
tm.(*w*)*.n.f* + c. neg.	'aquél al que él no ha escuchado'	-	-
tm.(*y*)*.f* + c. neg.	'aquél al que él no escuchará'	-	-
tm + *sḏm.ḫr.f*	'y él no deberá escuchar'	*tm* + *sḏm.ḫr.tw.f*	'y él no deberá ser escuchado'
tm + *sḏm.kꜣ.f*	'y él no escuchará'	*tm* + *sḏm.kꜣ.tw.f*	'y él no será escuchado'
tm + *sḏm.ỉn.f*	'y él no escuchó'	*tm* + *sḏm.ỉn.tw.f*	'y él no fue escuchado'
n + *sḏm.n.f* pred.	'él no escucha / escuchaba'	*n* + *sḏm.n.tw.f*	'él no es / era escuchado'
n + *mrr.f* + *ỉs*	'si él escucha / escuchaba, no es ...'	*n* + *mrr.tw.f* + *ỉs*	'si él es / era escuchado, no es ...'
n + subj. *ỉmỉ.f sḏm.w*	'que él no escuche'	*n sḏm.tw.f*	'que el no sea escuchado'
m + c. neg.	'¡no escuches!'	-	
tm (par. imperf. act.) + c. neg.	'el que no escucha'	*tm* (par. imperf. pas.) + c. neg.	'el que no es escuchado'
tm.(*w*)*.f* + c. neg.	'aquél al que él no escucha'	-	-

Forma activa	*Ejemplo*	*Forma pasiva*	*Ejemplo*
tm + c. neg.	‘no escuchar’	c. neg.	‘no ser escuchado’

3.4.3. Tabla global funcional del sistema verbal egipcio

Parece práctico resumir el sistema verbal egipcio de la proposición simple, incluidas las construcciones pseudoverbales, en unas tablas que las integren para mostrar de manera evidente sus funciones.

Se distinguirá, por un lado, el dominio aspectual, temporal y modal; y por otro, los tipos de enunciados y las funciones enunciativas de afirmación y negación, junto con la voz.

Se verán primero las formas principales (perfectivas e imperfectivas), después las secuenciales y, por último, las formas con antecedente.

Función (forma principal)		Tipo de enunciado	Afirmación		Negación	
			Activa	*Pasiva*	*Activa*	*Pasiva*
Perfectivo	Simple	Neutro predicativo	indicativo	*sḏm.w.f*	*n* + indicativo *n-zp* + subj. / prosp. *n-pꜣ* + infinitivo	*n sḏm.w.f*
		Neutro nominal	indicativo	*sḏm.w.f*	*tm* (indicativo) + c. neg.	*tm* (*sḏm.w.f*) + c. neg
	De límite	Neutro predicativo	*sḏm.t.f*	-	*n sḏm.t.f*	-
	Terminativo	Neutro predicativo	*sḏm.n.f*	*sḏm.w.f*	*n* + indicativo *n-zp* + subj. / prosp. *n-pꜣ* + infinitivo	*n sḏm.w.f*
		Neutro nominal	*sḏm.n.f*	*sḏm.w.f* / *sḏm.n.tw.f*	*tm.n.f* + c. neg.	*tm* (*sḏm.w.f*) / *tm.n.tw.f* + c. neg
		Enfático	*sḏm.n.f*	*sḏm.n.tw.f*	*n sḏm.n.f is*	*n sḏm.w.f is* / *n sḏm.n.tw.f is*
	Perfecto	Neutro predicativo	pseudop.	-	*n* pseudop. / *n sḏm.n.f*	-
	Prospectivo	Neutro predicativo	prospectivo	*sḏm.w.f* / *sḏmm.f*	*nn* prospectivo	*n sḏmm.f* / *nn sḏm.w.f*
		Neutro nominal	prospectivo	*sḏm.w.f*	*tm* (prospectivo) + c. neg.	*tm* (*sḏm.w.f*) + c. neg.

	Función	*Tipo de enunciado*	*Afirmación*		*Negación*	
Imperfectivo		Enfático	prospectivo	*sḏm.w.f*	*nn* prospectivo *is*	*n sḏm.w.f is*
	General	Neutro predicativo	aoristo	*sḏm.tw.f*	*n sḏm.n.f*	*n sḏm.n.tw.f*
		Neutro nominal	*mrr.f*	*mrr.tw.f*	*tm* (*mrr.f*) + c. neg.	*tm* (*mrr.tw.f*) + c. neg.
		Enfático	*mrr.f*	*mrr.tw.f*	*n mrr.f is*	*n mrr.tw.f is*
	Modal	Neutro predicativo	subjuntivo	*sḏm.tw.f*	*n* + subjuntivo *imi* (subjuntivo) + c.neg.	*n sḏm.tw.f*
		Neutro nominal	subjuntivo	*sḏm.tw.f*	*tm* (subjuntivo) + c.neg.	*tm.tw.f* + c.neg.
	Progresivo	Neutro predicativo	*ḥr* / *m* + infinitivo	-	*nn ḥr* / *m* + infinitivo	-
	Futuro	Neutro predicativo	*r* + infinitivo	-	*nn r* + infinitivo	-
	Hortativo	Neutro predicativo	imperativo	-	*m* + c. neg.	-
	Imperso-nal	Neutro nominal	infinitivo	infinitivo	*tm* + c. neg.	*tm* + c. neg.

Función (forma secuencial)		Tipo de enunciado	Afirmación		Negación	
			Activa	*Pasiva*	*Activa*	*Pasiva*
	Simple	Neutro predicativo	*sḏm.in.f*	*sḏm.in.tw.f*	*tm* (*sḏm.in.f*) + c. neg.	*tm* (*sḏm.in.tw.f*) + c. neg.
Perfectivo	Prospectivo necesario	Neutro predicativo	*sḏm.ḫr.f*	*sḏm.ḫr.tw.f*	*tm* (*sḏm.ḫr.f*) + c. neg.	*tm* (*sḏm.ḫr.tw.f*) + c. neg.
	Prospectivo neutro	Neutro predicativo	*sḏm.kꜣ.f*	*sḏm.kꜣ.tw.f*	*tm* (*sḏm.kꜣ.f*) + c. neg.	*tm* (*sḏm.kꜣ.tw.f*) + c. neg.

Función (forma con antecedente)	*Tipo de enunciado*	*Antecedente = sujeto de la forma*				*Antecedente ≠ sujeto de la forma*	
		Afirmación		*Negación*		*Afirmación*	*Negación*
		Activa	*Pasiva*	*Activa*	*Pasiva*	*Activa*	*Activa*
Perfectivo	Neutro predicativo	par. perf. act.	par. perf. pas.	*tm* (par. perf. act.) + c. neg.	*tm* (par. perf. pas.) + c. neg.	forma relativa perfectiva	*tm* (forma relativa perfectiva) + c. neg.
Imperfectivo	Neutro predicativo	par. imperf. act.	par. imperf. pas.	*tm* (par. imperf. act.) + c. neg.	*tm* (par. imperf. pas.) + c. neg.	forma relativa imperfectiva	*tm* (forma relativa imperfectiva) + c. neg.
Prospectivo	Neutro predicativo	par. prosp. act. / *sḏm.ty.fy*	par. prosp. pas.	*tm* (par. prosp. act.) + c. neg. *tm.ty.fy* + c. neg.	*tm* (par. prosp. pas.) + c. neg.	forma relativa prospectiva	*tm* (forma relativa prospectiva) + c. neg.

4. Enunciados marcados

Desde el punto de vista enunciativo hay enunciados neutros y marcados: en los primeros, el tema coincide con el sujeto y el rema con el predicado; en los segundos, esta correspondencia se rompe. De hecho, un enunciado marcado sirve para, justamente, marcar alguna parte del enunciado que al enunciador le interesa resaltar. Esto se puede hacer de diversas maneras, según la parte del enunciado que se resalta.

4.1. Tipos de enunciados marcados

Cuando se marca el tema de un enunciado, un predicado se presenta como tema o un sujeto se marca explícitamente como tema. Este procedimiento se llama tematización. Si se usan elementos formales específicos, el procedimiento se llama topicalización.

En cambio, si se marca el rema de un enunciado, un sujeto se presenta como rema o un predicado se marca explícitamente como rema. Esto es la rematización. Si se usan medios formales específicos, tenemos focalización.

4.2. Tematización y topicalización

La tematización se hace poniendo el elemento tematizado delante (*anáfora*) o detrás (*catáfora*) de su posición habitual en la cadena lingüística. Por ejemplo, *z pn nfr sw* 'Este hombre, él es bello'; *iw wnm.n.i sw t pn* 'Lo he comido, este pan'.

La topicalización, en cambio, sólo se puede llevar a cabo por anáfora. La marca más frecuente es la conjunción-preposición *ir*, con el sentido 'en cuanto a, respecto a', que puede introducir tanto un sintagma nominal como una proposición entera (nominalizada con *wnn* si así lo requiere). Por ejemplo, *ir z pn m mr.(w) sw* 'En cuanto a este hombre, ¡no lo ames!' Hay también estructuras típicas de la PPN que se consideran topicalizaciones.

4.3. Rematización y focalización

La rematización y la focalización se efectúan de diversas maneras, según cuál sea el elemento rematizado y el cotexto:

a) el sujeto de una PPN: en una PPN, el sujeto va delante del predicado (anáfora); se focaliza seguido de la partícula *ỉs*; también se puede focalizar mediante la *proposición pseudo-partida*: (1) *ỉn* + nombre (sujeto nominal) / pronombre independiente (sujeto pronominal) + (2) participio / *sḏm.ty.fy* / prospectivo (predicado). Los pronombres del sujeto (introducido por *ỉn* si es nominal) no coinciden con los del predicado (que van siempre en tercera persona): por ejemplo, *ỉnk mr.(w).f ṯn* 'Soy yo (quien) te amará'.

b) el sujeto de una PPA: el pronombre independiente (en lugar del sufijo o del dependiente) sirve para rematizar el sujeto, por ejemplo: *ỉnk m pr.ỉ* 'Soy yo el que está en mi casa'; se focaliza seguido de la partícula *ỉs*.

c) el sujeto de una PPV: para focalizarlo, se utiliza la llamada *proposición partida*[107]: (1) *ỉn* + nombre (sujeto nominal) / pronombre independiente (sujeto pronominal) + (2) participio / *sḏm.ty.fy* / prospectivo (predicado). Los pronombres del sujeto (introducido por *ỉn* si es nominal) concuerdan en género y número con los del predicado: por ejemplo, *ỉnk mr.y.ỉ ṯn* 'Soy yo (y no otro) (quien) te amaré'. La proposición partida se niega con *n ... ỉs* (excepcionalmente con *n-ỉs* delante del sujeto rematizado).

d) el posesor de una proposición de pertenencia: la proposición tipo *n.y-ỉnk* conlleva una rematización del posesor mediante el uso del pronombre independiente en lugar del dependiente.

e) los circunstanciales (sean sintagmas o proposiciones subordinadas adverbiales), el objeto indirecto y los interrogativos: la rematización de estos elementos en una PPV se realiza mediante las formas enfáticas; en una proposición no verbal, se usa el convertidor *wnn* en la forma enfática correspondiente. Por ejemplo, *wnm.n.ỉ t pn ḥnꜥ.k* 'Es en tu compañía como he comido este pan'; *wnn.ỉ m pr.ỉ* 'Es en mi casa donde estoy'; *ỉỉ.n.k m pr.ỉ r-m* '¿Para qué es para lo que has venido a mi casa?'.

f) una proposición como predicado de una PPN: se rematiza con *pw*; se utiliza sobre todo en glosas textuales. Si la proposición rematizada es una PPV, se usa una forma nominal; si es una proposición no verbal, se usa el convertidor *wnn*. Por ejemplo, *mrr.f st pw* 'Que él la ama, eso (significa)'.

---

[107] En inglés *cleft sentence*; en francés *phrase coupée / clivée*; en alemán, *Spaltsatz*.

5. La proposición compleja

5.1. Tipos de proposiciones complejas

Una proposición compleja contiene más de un predicado. Estos predicados pueden ser semántica y sintácticamente independientes entre sí o depender el uno del otro. Así, los predicados independientes entre sí forman proposiciones coordinadas, mientras que los dependientes forman proposiciones subordinadas del predicado del que dependen, que constituye la proposición principal.

5.2. Proposiciones coordinadas

La coordinación es extremamente rara en egipcio medio. El medio más frecuente para concatenar proposiciones independientes es la yuxtaposición. Pero la falta de marca de este procedimiento no permite con seguridad considerar tales proposiciones como marcadas. La marca morfológica principal (al igual que para los nombres) es la preposición *ḥnꜥ*, funcionando como conjunción, si bien es muy poco frecuente. También se pueden usar las partículas *i͗s* e *i͗sṯ*, igualmente muy raras.

Por ejemplo, *šm.(w).k r pr i͗t.k ḥnꜥ rdi͗.t n.f t pn* 'Irás a casa de tu padre y le darás este pan' (literalmente, 'y darle este pan').

O *šm.w.k r pr i͗t.k rdi͗.w.k i͗sṯ n.f t pn*, con el mismo sentido.

5.3. Proposiciones subordinadas

Funcionalmente, las proposiciones subordinadas pueden funcionar como adjetivos, nombres o adverbios. Son, respectivamente, las proposiciones subordinadas adjetivales (o de relativo), sustantivales (o completivas) y adverbiales (o circunstanciales). Aparte, hay que considerar las proposiciones subordinadas condicionales.

Morfológicamente, los medios para marcar proposiciones subordinadas son diversos. Por un lado, las hay sin marca alguna (virtuales); por otro, las hay con varios tipos de marcas.

Aquí las clasificaremos funcionalmente.

5.3.1. Proposiciones subordinadas adjetivales

Morfológicamente, hay que distinguir las formadas por nisbés, participios y formas relativas (sin nexo), de las formadas por los pronombres relativos *n.ty* y *ỉw.ty* y el genitivo indirecto (con nexo) y de las virtuales (sin marca alguna o con el auxiliar circunstancial *ỉw*).

Las proposiciones adjetivales determinativas (aquéllas necesarias para la comprensión del antecedente) se marcan con elementos adjetivales (participios, formas relativas, pronombres relativos, nisbés y genitivo indirecto), mientras que las explicativas (que no son necesarias para comprender el antecedente) son virtuales.

Las proposiciones adjetivales determinativas se clasifican, según su morfología, así:

a) Con participios (incluyendo la forma *sḏm.ty.fy*) y formas relativas; por ejemplo, *ỉw m33.ỉ z pn ỉw.(w) ḥr pr.ỉ* 'Veo a este hombre que viene hacia mi casa'; *z.t mrr.t.ỉ ỉw.s ḥr pr.ỉ* 'La mujer a la que amo viene hacia mi casa'. Aquí hay que incluir el uso de los participios y formas relativas del verbo *wnn* para nominalizar y temporalizar / modalizar una PPA o una construcción pseudoverbal: *ỉrỉ.y.ỉ mỉ z wn.ty.fy m pr.ỉ* 'Actuaré como (lo hace) el hombre que estará en mi casa'.

b) Con pronombres relativos: éstos concuerdan con el antecedente en número y género, según este paradigma:

	Afirmativo	Negativo
masculino singular	*n.ty* / *n.t*(*y*) 'el que'	*ỉw.ty* 'el que no'
femenino (singular y plural)	*n.tt* 'la que'	*ỉw.tt* 'la que no'
masculino plural	*n.tyw* 'los que'	*ỉw.tyw* 'los que no'

Si el sujeto de la relativa es distinto al antecedente, éste se marcará por medio de un pronombre anafórico en la relativa. Se notará que *ỉw.ty* sustituye a la negación de la proposición que introduce.

Tras el pronombre relativo, puede ir:

- una PPA y una construcción pseudoverbal (directamente): *ỉri.y.ỉ mỉ ỉw.ty snḏ ỉm.f* 'Actuaré como (hace) aquél que no tiene miedo';
- una proposición de existencia (*n.ty* sustituye al auxiliar de enunciación): *ỉri.y.ỉ mỉ n.ty wn sn.nw.f* 'Actuaré como (hace) aquél cuyo semejante existe (= persona normal)';
- una proposición de no-existencia (*ỉw.ty* sustituye a la negación y al verbo *wnn*, si lo hubiera): *ỉri.y.ỉ mỉ ỉw.-ty sn.nw.f* 'Actuaré como (hace) aquél cuyo semejante no existe (= persona peculiar)';
- una PPV (normalmente con formas enfáticas o con formas predicativas con antecedente genérico, si no se usan los participios y las formas relativas): *ỉri.y.ỉ mỉ n.ty ỉww.ỉ m pr.f* 'Actuaré como (hace) aquél de cuya casa es de donde vengo'; *ỉri.y.ỉ mỉ n.tt z nb mri.f rn.s* 'Actuaré como (hace) aquélla cuyo nombre todos aman'.

c) Con nisbés: *ỉri.y.ỉ mỉ nṯr.w ỉm.yw k3-r.w.sn* 'Actuaré como (lo hacen) los dioses que (están) en sus capillas'.

d) Con genitivo indirecto (seguido por una forma verbal nominal): *ỉri.y.ỉ mỉ z3 n dỉdỉ nṯr* 'Actuaré como (lo hace) un hijo de (los que) un dios da'.

Las proposiciones adjetivales explicativas, según su morfología, son:

a) sin marca alguna (parataxis), siendo:

- proposiciones no verbales (incluyendo las construcciones pseudoverbales): *ỉr.y.ỉ mỉ z pn mr.y rn.f* 'Actuaré como este hombre, (cuyo) nombre es Mery';
- PPV, por lo general, con aoristo o *sḏm.n.f* predicativa y equivalentes pasivos y negativos: *ỉr.y.ỉ mỉ z pn n rḫ.n.tw rn.f* 'Actuaré como (lo hace) este hombre, (cuyo) nombre no es conocido'.

b) con el auxiliar circunstancial *ỉw* seguido por una PPV o por una construcción pseudoverbal: se trata de una construcción que empieza a usarse de manera incipiente en egipcio medio; por ejemplo, *ỉri.y.ỉ mỉ z pn ỉw.f ḥms.*(*w*) ‘Actuaré como este hombre, (el que) está sentado’.

5.3.2. Proposiciones subordinadas nominales[108]

Morfológicamente, hay que distinguir las virtuales (sin nexo) de las formadas por la conjunción *ntt* y, en menor medida, por *wnt* (con nexo). Funcionalmente, pueden ser el sujeto (siempre virtuales) o el objeto directo (virtuales o con nexo) de la proposición principal.

Las proposiciones subordinadas nominales de sujeto aparecen en los contextos siguientes:

a) PPN y Wechselsatz: por ejemplo, a la pregunta ‘¿Qué es esto?’, referida a una situación (y no a una cosa), se puede responder *mrr.ỉ z.t tn pw* ‘Es que yo amo a esta mujer’; un caso particular de PPN es la *Wechselsatz*[109], en la que los dos miembros de la PPN son PPV (con formas verbales nominales) subordinadas nominales, la primera de las cuales actúa como sujeto y la segunda como atributo: *prr.ỉ ḥr ḏnḥ.wy bỉk prr rꜥ ḥr ḏnḥ.wy bỉk* ‘El hecho de que yo suba en las alas de un halcón (es) el hecho de que Ra sube en las alas de un halcón’. Su sentido es muy cercano al de las condicionales.

b) PPAdj y proposiciones de inexistencia: por ejemplo, *nfr mrr.f st* ‘Es bonito que él la ame’; *nn mrr.f st* ‘Es inexistente el hecho de que él la ame’.

c) PPV:

- sujeto de la negación *n-zp*: la forma verbal de la subordinada es el subjuntivo;
- sujeto del verbo *ḫpr*: se traduce por ‘ocurre, resulta que’ y las formas verbales de la subordinada pueden ser la *mrr.f* o el subjuntivo: *ḫpr mrr.ỉ z.t tn* ‘Resulta que amo a esta mujer’;
- sujeto de un verbo en pasiva: *rdỉ.w mrr.ṯ z pn* ‘Se ha permitido que ames a este hombre’.

Las proposiciones subordinadas nominales de objeto directo se pueden di-

[108] Véase S. Uljas, *The modal system of Earlier Egyptian complement clauses*, Probleme der Ägyptologie 26 (Leiden: Brill, 2007).

[109] Término alemán que significa ‘frase recíproca’.

vidir en *objetivas* (aquéllas cuya realización no depende de la voluntad del enunciador de la principal, por ejemplo, 'Sé lo que digo') y *subjetivas* (las que sí dependen de esa voluntad, por ejemplo, 'Quiero que vengas').

Morfológicamente, las *proposiciones subordinadas nominales de objeto directo objetivas* pueden ser virtuales, marcadas por la partícula *ἰs* o introducidas por un nexo (*ntt* / *wnt*). Es decir:

a) virtuales: con todo tipo de proposición; en las PPV se usan las formas verbales nominales, que se niegan con *tm*; por ejemplo, *ḏd.ἰ n.k mrr.f z.t tn* 'Te dije que él amaba a esta mujer'. Se tendrá en cuenta que en las construcciones en las que el sujeto precede al verbo, sean verbales (*ἰw.f* + aoristo) o pseudoverbales, el sujeto de la subordinada es tratado como un objeto directo (respecto al verbo de la principal) seguido de su propio verbo; por ejemplo, *ἰw gm.n.ἰ sw ḥms.(w)* 'Lo encontré sentado' (literalmente, 'Lo encontré estando él sentado'). Por último, una serie de verbos auxilares van seguidos por un infinitivo subordinado: *ἰrἰ* 'hacer', *p3* 'hacer en el pasado', *wḥm* 'repetir', *š3ʿ* 'comenzar', *ḫpr* 'ponerse a', *3b* 'cesar de', *rḫ* 'poder' y *š3w* 'deber'.

b) marcadas por la partícula *ἰs*: con toda proposición salvo las PPA (incluidas las construcciones pseudoverbales), con valor focalizante si la forma verbal de la subordinada es enfática (*ḏd.ἰ pr.n.k ἰs m pr.k* 'Dije que era de tu casa de donde habías salido') o simplemente marcando la subordinación si la forma verbal no es enfática (*rdἰ.(w).ἰ ἰw.t.k ἰs m pr.k* 'Haré que vengas a tu casa').

c) introducidas por un nexo (*ntt* / *wnt*): *wnt* puede introducir PPA y PPV, pero muy raramente PPN y PPAdj. Este nexo es muy pronto sustituido por *ntt* en egipcio medio. Sin embargo, *ntt* puede introducir todo tipo de proposición. Por ejemplo, *ḏd.ἰ ntt nfr st* 'He dicho que ella es bella'.

Las proposiciones subordinadas nominales de objeto directo subjetivas son virtuales. Si el sujeto de la subordinada es el mismo que el de la principal, se usa el infinitivo en la subordinada; si es distinto, el subjuntivo. Por ejemplo, *mk mr.n.f ἰἰ.t m pr.ἰ* 'He aquí que él quiso venir a mi casa'; *mk mr.n.f ἰw.t.k m pr.ἰ* 'He aquí que él quiso que tú vinieras a mi casa'. Las formas verbales de la subordinada se niegan con *tm*.

5.3.3. Proposiciones subordinadas condicionales

Morfológicamente, hay que distinguir las pseudo-condicionales (sin nexo) de las condicionales verdaderas, formadas por la preposición-conjunción *ỉr* (con nexo).

Las proposiciones subordinadas pseudo-condicionales son, en realidad, subordinadas circunstanciales temporales virtuales. Van normalmente en posición inicial, pero no exclusivamente. Las formas verbales son las nominales, principalmente la *mrr.f* y el prospectivo. Por ejemplo, *ỉww.k šm.(w).ỉ* "En cuanto vengas / Si vienes, me iré".

Las proposiciones subordinadas condicionales van introducidas por *ỉr* (la forma plena de la preposición *r*). Esta preposición-conjunción puede introducir también sintagmas nominales tematizados.

A veces, la conjunción va seguida por una partícula: *ỉr grt* 'si además', *ỉr swt* 'pero si', *ỉr ḥm* 'si en verdad').

Tras la conjunción, es decir en la prótasis, va siempre una forma nominal (prospectivo, subjuntivo, *sḏm.n.f*, *sḏm.tw.f* y *sḏm.w.f*) o una nominalización de una proposición no verbal. En la apódosis (la proposición principal), puede aparecer una construcción predicativa inicial o una forma verbal secuencial.

Así, una prótasis con prospectivo marca una condición real (*ỉr mr.(w).ṯ wỉ ỉw.ỉ r mr.t ṯn* 'Si tú me amas, yo te amaré'); con subjuntivo, marca una condición posible (*ỉr mr.ṯ wỉ mr.ỉ ṯn* 'Si tú me amaras, yo te amaría'); con *sḏm.n.f*, marca una condición imposible si va seguida de un perfectivo en la apódosis (*ỉr mr.n.ṯ wỉ mr.n.ỉ ṯn* 'Si tú me hubieras amado, yo te habría amado'), pero real si va seguida de un imperfectivo (*ỉr mr.n.ṯ wỉ ỉw.ỉ mr.ỉ ṯn* 'Si tú me amas, yo te amo').

Si hay varios verbos en la prótasis, o bien se introduce cada uno de ellos con *ỉr*; o bien, si son la misma forma verbal, sólo el primero va introducido por *ỉr*; o bien los que siguen al primero van en construcciones circunstanciales; o bien los que siguen al primero son *mrr.f* tematizadas.

Las formas verbales de la prótasis, como son nominales, se niegan con *tm*.

Las proposiciones no verbales deben ir nominalizadas por medio del verbo *wnn* para poder formar parte de una prótasis. Por ejemplo, *ir wnn.i m pr.i iw.k ˤq.k ir.f* 'Si estoy en mi casa, entras'.

Los casos en los que *wnn* precede a una forma nominal en una prótasis, parecen indicar que la forma nominal introducida es enfática. Por ejemplo, *ir wnn i.n.k m pr.i iw.k r sḏm n.i* 'Si es a mi casa a donde has venido, me obedecerás'.

5.3.4. Proposiciones subordinadas adverbiales

Morfológicamente, hay que distinguir las virtuales (sin nexo) de las formadas por diferentes preposiciones-conjunciones y auxiliares de enunciación (con nexo).

Las proposiciones subordinadas adverbiales virtuales suelen marcar circunstancias que se sitúan en el fondo de una narración (figura que se destaca sobre el fondo) y, por lo tanto, son, generalmente, enunciados estáticos. Tienen, casi siempre, un sentido temporal. Pueden ser:

a) PPA, proposiciones de inexistencia y construcciones pseudoverbales: por ejemplo, *iw wnm.n.k t.i nb it.i m pr.i* 'Te comiste todo mi pan, estando mi padre en mi casa'. También pueden ir reforzadas por la partícula *is*. Se trata de subordinadas temporales concomitantes (ocurren al mismo tiempo que la principal). Se notará que la construcción pseudoverbal *ḥr / m* + infinitivo indica una concomitancia progresiva: la situación de fondo se muestra en su desarrollo. Por ejemplo, *iw wnm.n.k t.i nb it.i m ii.t* 'Te comiste todo mi pan, estando mi padre viniendo'.

b) PPV y proposiciones no verbales con el convertidor *wnn*: normalmente siguen a la principal (aunque no siempre). Si son PPV, las formas verbales utilizadas son el aoristo (que indica una temporal concomitante), la *sḏm.n.f* (una temporal anterior) y el subjuntivo (una final o consecutiva). Se niegan con *n-is*. Además, está la construcción especializada en este uso *n sḏm.t.f* 'cuando él no ha escuchado aún', que indica una anterioridad inconclusa. Por ejemplo, *iw wnm.n.k t.i mdw.i n.k* 'Te comiste todo mi pan mientras yo te hablaba' (concomitancia); *wnm.(w).k t.i mdw.n.i n.k* 'Te comerás todo mi pan una vez que yo te haya hablado' (anterioridad);

iw mdw.n.k n.i ini.t.i n.k t.i nb 'Me has hablado para que yo te traiga todo mi pan' (finalidad); *iw wnm.n.k t.i nb n mdw.t.i n.k* 'Te comiste todo mi pan sin que te hubiera hablado todavía' (anterioridad inconclusa).

Entre las proposiciones subordinadas adverbiales con nexo hay que distinguir las que van introducidas por un auxiliar de enunciación y las que van introducidas por una conjunción-preposición.

Las proposiciones subordinadas adverbiales introducidas por un auxiliar de enunciación son similares a las virtuales. Hay dos tipos:

a) introducidas por *isṯ* / *isk*: estas proposiciones subordinadas son incidentes (esto es, se colocan como fondo de una narración o diálogo) y pueden estar formadas por cualquier tipo de proposición simple. Por ejemplo, *iw wnm.n.k t.i nb isk wi m pr.i* 'Te has comido todo mi pan - ahora bien, yo estaba en mi casa -'.

b) introducidas por *iw* circunstancial: este uso de este auxiliar comienza en el Primer Periodo Intermedio, pero no se gramaticaliza hasta el neoegipcio. En egipcio medio, hay que distinguir por tanto entre su uso como introductor de una proposición principal y su uso como nexo circunstancial. Al igual que *isk*, *iw* circunstancial puede introducir cualquier tipo de proposición simple. Por ejemplo, *iw wnm.n.k t.i nb iw n mdw.t.i n.k* 'Te comiste todo mi pan sin que te hubiera hablado todavía'.

Las proposiciones subordinadas adverbiales introducidas por una conjunción-preposición son las subordinadas adverbiales "verdaderas", en el sentido de que el nexo marca el tipo de subordinación. Según su significado, que viene marcado por el nexo y el tipo de proposición que introduce, se clasifican así:

a) temporales:

	Anterioridad	Concomitancia	Posterioridad
Proposición no verbal	*m-ḫt, ḫft, ḏr*	*m*	-
sḏm.n.f	*m, m-ḫt, ḏr*	-	*r*

sḏm.t.f	-	*m*	*r, ḏr*
mrr.f	*r-sꜣ*	*m-ḫt, r-ṯnw*	
Prospectivo	*m-ḫt, r-sꜣ*	*m*	
Subjuntivo	*m-ḫt, r-sꜣ, ḫft*	*m, r-ṯnw*	*tp-ꜥ*
Infinitivo	*m-ḫt, r-sꜣ, ḫft, ḏr*	*m, ḫft*	*tp-ꜥ*

Los significados fundamentales de los nexos con significado temporal son los siguientes:

- anteriores: *m-ḫt* 'después de que', *r-sꜣ* 'después de que', *ḏr* 'desde que';
- concomitantes: *m* 'cuando', *r-ṯnw* 'cada vez que', *ḫft* 'tan pronto como';
- posteriores: *r* 'antes de que', *ḏr* 'antes de que'.

Estos valores se pueden esquematizar de esta manera:

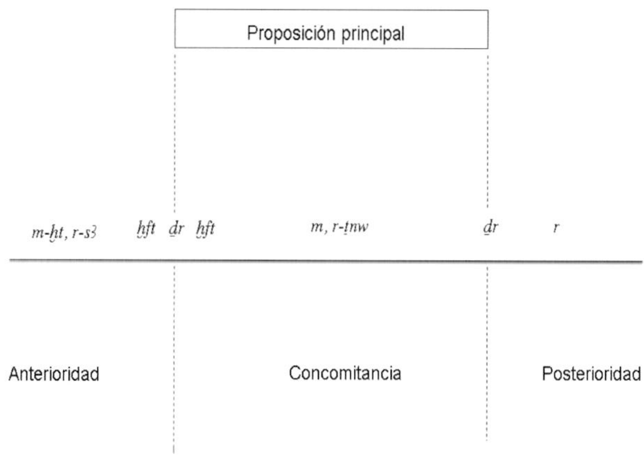

b) relacionales:

	Causa	Comparación	Finalidad
Proposición no verbal	*n, n-ntt / ḥr-ntt / ẖft-ntt / ḏr-ntt / r-ntt / m-ꜥ-ntt*	*mỉ*[110]	*r*[111], *n-mr.wt*[112]
sḏm.n.f	*mỉ, n, ḥr, n-ntt / ḥr-ntt / ẖft-ntt / ḏr-ntt / r-ntt / m-ꜥ-ntt*	*mỉ, ẖft*	
sḏm.t.f			
mrr.f	*n, n-ỉqr-n, n-ꜥꜣ.t-n, ẖft, ḥr, n-ntt / ḥr-ntt / ẖft-ntt / ḏr-ntt / r-ntt / m-ꜥ-ntt*	*mỉ, m, ẖft*[113], *r*[114]	*n-snḏ-(n)*
Prospectivo	*mỉ, n, ḥr, ḏr*	*mỉ*	*r*[115], *n-ỉb-n, n-mr.wt*[116], *n-snḏ-(n), m-snḏ, sꜣw*
Subjuntivo	*mỉ, n, ḏr*	*mỉ*	*r*[117], *n-mr.wt*[118], *n-snḏ-(n)*
Infinitivo	*mỉ, n, ḥr*	*mỉ*	*r, n-mr.wt*

Éstos son los significados de los nexos con significado relacional:
- causales: *n* 'porque', *n-ntt* / *ḥr-ntt* / *ẖft-ntt* / *ḏr-ntt* / *r-ntt* / *m-ꜥ-ntt* 'porque', *ḥr* 'porque', *n-ỉqr-n* 'debido a', *n-ꜥꜣ.t-n* 'dado que', *ḏr* 'porque';
- comparativos: *mỉ* 'como', *ẖft* 'según';
- finales: *r* 'para que', *n-mr.wt* 'a fin de que', *n-ỉb-n* 'a fin de que', *m-snḏ* 'para que no', *n-snḏ-(n)* 'para que no', *sꜣw* (< *zꜣw*) 'para que no'.

---

[110] La PPA tras *mỉ* debe ir introducida por *wnn*.

[111] La construcción pseudoverbal tras *r* debe ir introducida por *wnn*.

[112] La construcción pseudoverbal tras *n-mr.wt* debe ir introducida por *wnn*.

[113] Matiz modal: 'según'.

[114] Matiz cuantificador: 'tanto como'.

[115] Se niega con *tm*.

[116] Se niega con *tm*.

[117] Se niega con *tm*.

[118] Se niega con *tm*.

Parte III

Anexos

Anexo I. Lista de signos jeroglíficos

La definición y usos de los signos que siguen se basan en los dados por las gramáticas de Gardiner (que estableció un "canon" básico de los mismos) y de Malaise y Winand (que incorpora los cambios y matizaciones más recientes). En nota, he añadido algunas identificaciones alternativas, especialmente de Gérard Roquet. En efecto, algunos signos son de identificación dudosa. Incluso si sus usos están claros, la razón de los mismos sigue siendo desconocida. Sólo con una recopilación exhaustiva de todas las grafías de cada palabra, con especial atención a las representaciones epigráficas y figurativas, podrá aclarar algunas de estas cuestiones. Pero tal trabajo, ingente, aún está por hacer.

Los números seguidos de mayúscula corresponden a variantes contempladas por Gardiner; los seguidos por minúscula, a variantes presentes en la gramática de Malaise y Winand.

A. Hombres

Nº	*Signo*	*Imagen*	*Ideograma*	*Fonograma*	*Determinativo*	*Alternancias*	*Confusiones*
A1		Hombre sentado	*z* 'hombre'	-	persona, hombre, 1ª persona	-	-
A2		Hombre con la mano en la boca	-	-	acciones de la boca e intelectuales	-	-
A3		Hombre semiarrodillado	*ḥmsi* 'sentarse'	-	Sentarse y similares	-	-
A4		Hombre semiarrodillado con los brazos alzados	-	-	Adorar, ocultar	-	-

Nº	Signo	Imagen	Ideograma	Fono-grama	Determinativo	Alter-nancias	Confu-siones
A5		Hombre tras una esquina	-	-	Ocultar	-	-
A6		Hombre con agua en las manos	*wꜤb* 'ser puro'	*wꜤb*	-	 (D60).	-
A7		Hombre semiarrodillado con los brazos hacia el suelo	-	-	debilidad, inercia, cansancio	-	-
A8		Hombre semiarrodillado con los brazos en júbilo	-	-	júbilo	-	-
A9		Hombre con cesto en la cabeza	*fꜣi* 'llevar', *kꜣ.t* 'trabajo'	-	trabajar, llevar	-	-
A10		Hombre con remo	-	-	navegar	-	-
A11		Hombre con cetro y bastón corto	-	-	amigo (*ḫnms*)	-	-

Nº	*Signo*	*Imagen*	*Ideograma*	*Fonograma*	*Determinativo*	*Alternancias*	*Confusiones*
A12		Arquero	*mšꜥ* ‘ejército’	-	soldado	-	-
A13		Prisionero maniatado	-	-	prisionero, enemigo	-	-
A14		Caído con sangre en la cabeza	-	-	muerte, enemigo	-	-
A15		Hombre cayendo	*ḫr* ‘caer’	-	caer, derribar	-	-
A16		Hombre agachándose	-	-	agacharse, inclinarse	-	-
A17		Niño con la mano en la boca	*ẖrd* ‘niño’	-	niñez, juventud	-	-
A18		Niño con corona roja	-	-	niño real	-	-
A19		Anciano con bastón	*sms.w* ‘mayor, anciano’	-	vejez	-	-

Nº	*Signo*	*Imagen*	*Ideograma*	*Fonograma*	*Determinativo*	*Alternancias*	*Confusiones*
A20		Hombre maduro con bastón	-	-	-		 (A19)
A21		Hombre con bastón y trozo de tela	*sr* ‘magistrado’	-	persona importante	-	-
A22		Estatua con bastón y cetro	-	-	estatua	-	-
A23		Rey con bastón y maza	*ỉt.y* ‘soberano’	-	soberano, rey	-	-
A24		Hombre golpeando con bastón	*nḫt* ‘ser fuerte’	-	fuerza	(D40)	-
A25		Forma hierática de A24	-	-	-	-	-
A26		Hombre extendiendo un brazo	*nỉs* ‘llamar’, *ꜥš* ‘gritar’	-	llamar	-	-
A27		Hombre corriendo	-	*ỉn*	-	-	-

Nº	*Signo*	*Imagen*	*Ideograma*	*Fonograma*	*Determinativo*	*Alternancias*	*Confusiones*
A28		Hombre con los brazos alzados	*qꜣi* ‘estar en alto’, *ḥꜥi* ‘alegrarse’	-	estar en alto, enaltecer, alegría	-	-
A29		Hombre cabeza abajo	*sḫd* ‘estar cabeza abajo’	-	estar cabeza abajo	-	-
A30		Hombre con los brazos hacia delante	*iꜣw* ‘alabar’	-	alabar, orar	-	-
A31		Hombre con los brazos hacia atrás	-	-	dar la vuelta, volverse	-	-
A32		Hombre bailando	-	-	alegría, baile	-	-
A33		Hombre con hato	*mni.w* ‘pastor’, *rwi* ‘partir’	-	partir, vagabundear	-	-
A34		Hombre machacando en un mortero	*ḫwsi* ‘machacar’	-	machacar	-	-

Nº	Signo	Imagen	Ideograma	Fonograma	Determinativo	Alternancias	Confusiones
A35		Hombre construyendo un muro	*qd* 'construir'	-	construir	-	-
A36		Hombre elaborando cerveza	*ꜥf.ty* 'cervecero'	-	-	-	-
A37		Idem (en una cuba)	*ꜣtḫ* 'elaborar cerveza, filtrar'	-	-	 (A36).	-
A38		Hombre con dos animales fabulosos	*qis* 'Cusae'	-	-	-	-
A39		Variante del anterior	-	-	-	-	-
A40		Dios sentado	-	-	divinidad, 1ª persona divina o real	-	-
A41		Rey sentado con uraeus	-	-	persona real, 1ª persona real	-	-
A42		Rey sentado con uraeus y látigo	-	-	-	 (A41)	-

Nº	*Signo*	*Imagen*	*Ideograma*	*Fono-grama*	*Determinativo*	*Alter-nancias*	*Confu-siones*
A43		Rey sentado con la corona blanca	*nsw* 'rey del Alto Egipto'	-	rey del Alto Egipto, Osiris	-	-
A44		Rey sentado con la corona blanca y látigo	-	-	-	 (A43)	-
A45		Rey sentado con la corona roja	*bỉ.ty* 'rey del Bajo Egipto'	-	rey del Bajo Egipto	-	-
A46		Rey sentado con la corona roja y látigo	-	-	-	 (A45)	-
A47		Pastor con cayado y estera enrollada	*mnỉ.w* 'pastor', *zꜣw* 'guardar'	-	-	-	-
A48		Persona sentada con cuchillo	*ỉr.y* 'encargado'	-	encargado, relativo a	-	-
A49		Sirio con bastón	-	-	extranjero	-	-
A50		Persona importante sen-	*špsi* 'ser	-	persona importante, 1ª perso-	-	-

Nº	*Signo*	*Imagen*	*Ideograma*	*Fonograma*	*Determinativo*	*Alternancias*	*Confusiones*
		tada en una silla	venerable'		na del difunto		
A51		Idem (con látigo)				 (A50)	-
A52		Persona importante arrodillada y con látigo	-	-	-	 (A50) y  (A51)	-
A53		Momia de pie	*twt* 'imagen'	-	momia, imagen, estatua	-	-
A54		Momia echada	-	-	difunto, muerte	-	-
A55		Momia echada sobre una cama	*sḏr* 'acostarse'	-	yacer, difunto, acostarse	-	-

B. Mujeres

Nº	*Signo*	*Imagen*	*Ideograma*	*Fonograma*	*Determinativo*	*Alternancias*	*Confusiones*
B1		Mujer sentada	-	-	mujer, 1ª persona de mujer	-	-
B2		Mujer encinta	-	-	estar encinta, concebir	-	-
B3		Mujer dando a luz	*msi* 'dar a luz'	-	dar a luz	-	-
B4		Idem				(B3)	
B5		Mujer amamantando a un niño	-	-	amamantar, criar	-	-
B6		Mujer con un niño en las rodillas	-	-	-	(B5)	-
B7		Reina sentada con diadema y flor	-	-	nombre de reina	-	-

C. Divinidades

Nº	*Signo*	*Imagen*	*Ideograma*	*Fonograma*	*Determinativo*	*Alternancias*	*Confusiones*
C1		Dios con disco y uraeus	*rꜥ* 'Ra'	-	Ra		-
C2		Dios hieracocéfalo con disco y *ꜥnḫ*	-	-	-	(C1)	-

Nº	*Signo*	*Imagen*	*Ideograma*	*Fonograma*	*Determinativo*	*Alternancias*	*Confusiones*
C3		Dios con cabeza de ibis	*ḏḥwty* ‘Thot’	-	Thot	-	-
C4		Dios crocéfalo	*ḫnm.w* ‘Jnum’	-	Jnum	-	-
C5		Dios crocéfalo con *ꜥnḫ*	-	-	-	 (C4)	-
C6		Dios con cabeza de chacal	*inp.w* ‘Anubis’	-	Anubis		-
C7		Dios con cabeza de animal setiano	*stḫ* ‘Seth’	-	Seth	-	-
C8		Dios itifálico	*mn.w* ‘Min’	-	Min	-	-
C9		Diosa con disco y cuernos	*ḥw.t-ḥr* ‘Hathor’	-	Hathor	-	-
C10		Diosa con pluma	*mꜣꜥ.t* ‘Maat’	-	Maat	-	-
C11		Dios con brazos alzados y hoja de palma en la cabeza	*ḥḥ* ‘millón, Jej’	-	-	-	-
C12		Dios con dos plumas altas y cetro *wꜣs*	-	-	Amón	-	-
C17		Dios hieracocéfalo con disco, dos plumas altas y *ꜥnḫ*	-	-	Montu	-	-
C18		Dios con corona *ꜣtf*	*tꜣ-ṯnn* ‘Tatenen’	-	Tatenen	-	-

Nº	*Signo*	*Imagen*	*Ideograma*	*Fonograma*	*Determinativo*	*Alternancias*	*Confusiones*
C19		Dios enfundado y con cetro *w3s*	-	-	Ptah	-	-
C20		Dios enfundado y con cetro *w3s* en una naos	-	-	-	(C19)	-

D. Partes del cuerpo humano

Nº	*Signo*	*Imagen*	*Ideograma*	*Fonograma*	*Determinativo*	*Alternancias*	*Confusiones*
D1		Cabeza de perfil	*tp* 'cabeza'	-	cabeza	-	-
D2		Cara de frente	*ḥr* 'cara'	*ḥr*	-	-	-
D3		Mechón de cabello	*wš* 'vacío', *šni* 'cabellos'	-	cabellos, pelo, piel, color	-	-
D4		Ojo	*ir.t* 'ojo', *m33* 'mirar'	*ir*	ojo, vista	-	-
D5		Ojo con dos trazos de maquillaje	-	-	ojo, vista	(D4)	-
D6		Ojo maquillado	-	-	ojo, vista	(D5)	-
D7		Ojo con línea inferior de maquillaje	*ʿn* 'bonito', *msdm.t* 'maquillaje'	-	bonito, maquillaje, Ainu (cantera de Tura)	-	-

Nº	*Signo*	*Imagen*	*Ideograma*	*Fonograma*	*Determinativo*	*Alternancias*	*Confusiones*
D8		Ojo enmarcado en un óvalo	-	-	Ainu (cantera de Tura)	-	-
D9		Ojo llorando	*rmi* 'llorar'	-	llorar	-	-
D10		Ojo con marcas del ojo de un halcón	*wḏꜣ.t* 'ojo sano de Horus'	-	ojo sano de Horus	-	-
D11		Parte izquierda de la esclerótica del ojo *wḏꜣ.t*	½ de *ḥqꜣ.t*	-	-	-	-
D12		Pupila	¼ de *ḥqꜣ.t*	-	pupila	(D4)	-
D13		Ceja	1/8 de *ḥqꜣ.t*	-	ceja, cejas	-	-
D14		Parte derecha de la esclerótica del ojo *wḏꜣ.t*	1/16 de *ḥqꜣ.t*	-	-	-	-
D15		Bucle del ojo *wḏꜣ.t*	1/32 de *ḥqꜣ.t*	-	-	-	-
D16		Línea vertical del ojo *wḏꜣ.t*	1/64 de *ḥqꜣ.t*	-	-	-	-
D17		Línea vertical y bucle del ojo *wḏꜣ.t*	*ti.t* 'imagen'	-	imagen	-	-

Nº	Signo	Imagen	Ideograma	Fonograma	Determinativo	Alternancias	Confusiones
D18		Oreja	*msḏr* 'oreja'	-	oreja, oído	(F21)	-
D19		Parte superior de la cara de perfil	*fnḏ* 'nariz', *šr.t* 'orificio nasal'	*ḫnt*	cara, frente, respiración, estado de ánimo	-	Por hierático: (U31) y  (Aa32)
D20		Variante del anterior	-	-	-	-	-
D21		Boca	*r* 'boca'	*r*	-	-	-
D22		Boca con dos trazos inferiores	*r.wy* '2/3'	-	-	-	-
D23		Boca con tres trazos inferiores	*ḫmt-r.wy* '3/4'	-	-	-	-
D24		Labio superior y dientes	*sp.t* 'labio'	-	-	-	Por hierático:  (F42) y (N11).
D25		Labios	*sp.ty* 'labios'	-	-	-	-
D26		Labios emitiendo líquido	-	-	escupir, fluir, fluido	-	-

Nº	Signo	Imagen	Ideograma	Fonograma	Determinativo	Alternancias	Confusiones
D27		Seno	*mnḏ* 'seno'	-	amamantar	-	-
D28		Brazos extendidos	*kꜣ* 'ka'	*kꜣ*	-	-	-
D29		D28 sobre estandarte	*kꜣ* 'ka divino o real'	-	-	-	-
D30		D28 con apéndice	-	-	*nḥb-kꜣ.w* 'Nejebkau'	-	-
D31		Brazos abrazando U36	*ḥm-kꜣ* 'sacerdote funerario'	-	-	-	-
D32		Brazos abrazando	-	-	abrazar, encerrar	-	-
D33		Brazos con un remo	*ẖni* 'remar'	*ẖn*	-	-	-
D34		Brazos con escudo y hacha	*ꜥḥꜣ* 'luchar'	-	-	-	-
D35		Brazos negando	*n* 'no', *iwty* 'el que no'	*n*	negación	-	-
D36		Brazo	*ꜥ* 'brazo'	*ꜥ*	fuerza (= D40)	-	 (D37) y (D40)
D37		Brazo con X8	*rdi* / *di* 'dar'	*di*, *m*, *d*	-	-	 (D36)

Nº	*Signo*	*Imagen*	*Ideograma*	*Fonograma*	*Determinativo*	*Alternancias*	*Confusiones*
D38		Brazo con X3	*ỉmỉ* ‘¡Da!’	*mỉ / m*	-	-	-
D39		Brazo con W24	*ḥnk* ‘regalar’	*ḥnk*	regalar, ofrecer		(D36), (D37) y (D38)
D40		Brazo con bastón	*nḫt* ‘ser fuerte’, *ḫ3i* ‘medir’	-	fuerza	(A24)	D36 y (D37)
D41		Brazo con la palma hacia abajo y el codo en ángulo agudo	*rmn* ‘hombro’, *rmnỉ* ‘llevar a hombros’	*nỉ*	brazo, brazos, acciones de los brazos	-	-
D42		Brazo con la palma hacia abajo y el codo en ángulo recto	*mḥ* ‘codo (medida)’	-	codo (medida)	-	-
D43		Brazo con látigo	*ḫwỉ* ‘proteger’	*ḫw*	-	-	-
D44		Brazo con S42	*ḫrp* ‘dirigir’	-	dirigir, mandar	-	-
D45		Brazo con el cetro *nḥb.t*	*ḏsr* ‘apartar, consagrar’	-	-	-	-

Nº	*Signo*	*Imagen*	*Ideograma*	*Fono-grama*	*Determinativo*	*Alternan-cias*	*Confu-siones*
D46		Mano	*ḏr.t* 'mano'	*d*	-	-	-
D46a		Mano con un fluido	*ỉḏ.t* 'eflu-vio'	-	-	-	-
D47		Mano con la palma en cuenco	-	-	mano	-	-
D48		Mano sin pulgar	*šzp* 'palmo (medida)'	-	-	-	-
D49		Puño	*ꜣmm*, *kfꜥ* 'empuñar'	-	puño, empu-ñar, asir	-	-
D50		Dedo vertical	*ḏbꜥ* 'dedo', *ḏbꜥ.t* 'hue-lla, sello'	*ḏbꜥ*	-	-	-
D50a		Dos dedos verticales	-	-	exactitud	-	 (T14)
D51		Dedo hori-zontal	*ꜥn.t* 'uña'	-	uña, acciones de los dedos	-	-
D52		Falo	*bꜣḥ* 'falo'	*mt*	macho	-	(D53)
D53		Falo emitien-do líquido	-	-	falo, acciones del falo	-	D52
D54		Piernas en movimiento	*ỉw* 'venir', *nmt.t* 'des-plazamien-to'	-	movimiento	-	Por hierá-tico: (F21)

Nº	*Signo*	*Imagen*	*Ideograma*	*Fono-grama*	*Determinativo*	*Alternan-cias*	*Confu-siones*
D55		Piernas marcha atrás	-	-	movimiento hacia atrás	-	-
D56		Pierna flexionada	*rd* 'pie, pierna', *wʿ-r.t* 'distrito, meseta', *sbq* 'excelente'	*pds*, *ꜣṯw*	pierna, movimiento (con o sin D54)	-	-
D57		Pierna cruzada por un cuchillo	-	-	mutilar, herir (a veces con G37)	-	-
D58		Pie	-	*b*	-	-	-
D59		Pie con D36	-	*ʿb*	-	-	-
D60		Pie con vasija emitiendo líquido	*wʿb* 'ser puro'	*wʿb*	-	 (A6)	-
D61		Dedos del pie	*sꜣḥ* 'dedo del pie'	*sꜣḥ*	-	-	-
D62		Variante del anterior					
D63		Idem					

E. Mamíferos

N°	*Signo*	*Imagen*	*Ideograma*	*Fonograma*	*Determinativo*	*Alternancias*	*Confusiones*
E1		Bóvido	*kꜣ* 'toro', *iḥ* 'buey'	-	bóvidos	-	-
E2		Toro agresivo	-	-	toro atacando	-	-
E3		Ternero	-	-	ternero, bóvidos de cuernos cortos	-	-
E4		Vaca sagrada *ḥzꜣ.t*	-	-	vaca sagrada *ḥzꜣ.t*	-	-
E5		Vaca con ternero	-	-	ser solícito	-	-
E6		Caballo	*ssm.t* 'caballo'	-	caballo, acciones de caballos	-	-
E7		Asno	-	-	asno	-	-
E8		Cabrito	-	*ib*	cabrito, ganado menor	-	-
E9		Cría de búbalo	-	*iw*	-	-	-
E10		Carnero	*bꜣ* 'carnero'	-	carnero, Jnum, ovinos	-	-
E11		Variante del anterior	-	-	-	-	-

Nº	*Signo*	*Imagen*	*Ideograma*	*Fonograma*	*Determinativo*	*Alternancias*	*Confusiones*
E12		Cerdo	*rrỉ*, *šꜣi* 'cerdo'	-	cerdos	-	-
E13		Gato	-	-	gatos	-	-
E14		Galgo	-	-	perros	-	-
E15		Cánido recostado	*ỉnp.w* 'Anubis', 'príncipe real'	-	Anubis, príncipe real	-	-
E16		Variante del anterior					
E17		Chacal	*zꜣb* 'chacal'	*zꜣb*	chacales	-	-
E18		Cánido sobre estandarte	*wp-wꜣ.wt* 'Upuauet'	-	Upuauet	-	-
E19		Cánido sobre estandarte con *šdšd* y maza	-	-	-	-	 (E18)
E20		Animal setiano	*sṯẖ* 'Seth'	-	Seth, caos, violencia	En hierático:  (E7) y  (E27)	-
E21		Variante del anterior					

Nº	*Signo*	*Imagen*	*Ideograma*	*Fonograma*	*Determinativo*	*Alternancias*	*Confusiones*
E22		León	*mꜣi* 'león'	-	leones	-	-
E23		León recostado	*rw* 'león'	*rw*	-	-	Por hierático: (U13)
E24		Pantera	*ꜣb.y* 'pantera'	-	panteras	-	-
E25		Hipopótamo	*db*, *ḫꜣb* 'hipopótamo'	-	hipopótamos	-	-
E26		Elefante	-	*ꜣbw*	elefantes	-	-
E27		Jirafa	*sr* 'anunciar'	-	anunciar	-	-
E28		Orix	-	-	orix	-	-
E29		Gacela	-	-	gacelas	-	-
E30		Cabra montés	-	-	cabra montés	-	-
E31		Cabra con cilindro-sello	-	*sꜥḥ*	-	-	-
E32		Babuino	-	-	simios, acciones simiescas	-	-

Nº	*Signo*	*Imagen*	*Ideograma*	*Fonograma*	*Determinativo*	*Alternancias*	*Confusiones*
E33		Mono verde (cercopiteco)	-	-	cercopitecos	-	-
E34		Liebre	*wn* 'liebre'	*wn*	-	-	-

F. Partes de mamíferos

Nº	*Signo*	*Imagen*	*Ideograma*	*Fonograma*	*Determinativo*	*Alternancias*	*Confusiones*
F1		Cabeza de bóvido	*kꜣ* 'toro', *iḥ* 'buey'	-	-	(E1)	-
F2		Cabeza de toro agresivo	-	-	rabia		-
F3		Cabeza de hipopótamo	*ꜣ.t* 'ataque, instante'	-	ataque, instante	(F9)	-
F4		Protome de león	*ḥꜣ.t* 'parte de delante'	*ḥꜣt*	-	-	-
F5		Cabeza de búbalo	-	*šsꜣ* > *sšꜣ* > *zšꜣ*	búbalo, grasa	-	-
F6		Variante del anterior					
F7		Cabeza de carnero	*šfšf.t* 'dignidad'	-	cabeza de carnero	-	-

Nº	*Signo*	*Imagen*	*Ideograma*	*Fonograma*	*Determinativo*	*Alternancias*	*Confusiones*
F8		Variante del anterior					
F9		Cabeza de leopardo	-	-	-	(F3)	-
F9a		Dos cabezas de leopardo	*pḥ.ty* 'fuerza'	-	fuerza		-
F10		Cabeza de bóvido sobre cuello largo	*ḥt.yt* 'garganta', *ḫḫ* 'cuello', *ʿm* 'tragar'	-	garganta, acciones de la garganta	-	-
F11		Variante antigua del anterior					
F12		Cabeza de cánido sobre cuello largo	*wsr.t* 'cuello'	*wsr*	-	-	-
F13		Cornamenta de bóvido	*wp.t* 'coronilla'	*wp / ip*	-	-	-
F14		F13 con hoja de palma	*wp-rnp.t* 'día de año nuevo'	-	-	-	-
F15		Variante del anterior					

Nº	*Signo*	*Imagen*	*Ideograma*	*Fonograma*	*Determinativo*	*Alternancias*	*Confusiones*
F16		Cuerno	*ʿb*, *db* ‘cuerno’	*ʿb*	cuernos	-	-
F17		F16 con vasija emitiendo líquido	*ʿb.w* ‘purificación’	-	-	-	-
F18		Colmillo de elefante	*ỉbḥ* ‘diente’, *bỉꜣ* ‘bronce’	*bḥ*, *ḥw*	acciones de la boca	-	-
F19		Mandíbula inferior	*ʿr.t* ‘mandíbula’	-	-	-	-
F20		Lengua	*ns* ‘lengua’	*ns*	acciones de la lengua	-	-
F21		Oreja de vaca	*sḏm* ‘escuchar’, *msḏr* ‘oreja’	*sḏm*, *sdm*, *ỉdn*	oreja, acciones de la oreja	 (D18)	Por hierático: (D54)
F22		Cuarto trasero de león	*pḥ.wy* ‘cuarto trasero’	*pḥ*	parte de atrás	-	-
F23		Pata anterior de bóvido	*ḫpš* ‘pata anterior, brazo, fuerza’	-	pata anterior	-	-
F24		Variante del anterior					
F25		Pata con casco	*wḥm.t* ‘casco’, *wḥm* ‘repetir’	-	-	-	-

Nº	*Signo*	*Imagen*	*Ideograma*	*Fonograma*	*Determinativo*	*Alternancias*	*Confusiones*
F26		Piel de cabra sin cabeza	*ẖn.t* ‘odre’	*ẖn*	-	-	-
F27		Piel de vaca	-	-	piel, mamífero	-	-
F28		Variante del anterior	*sꜣb* ‘de piel manchada’				 (U23).
F29		Piel atravesada por una flecha	*sṯi* ‘disparar’	*sṯ* > *st*	-	-	-
F30		Odre de piel	-	*šd*	-	-	-
F31		Tres pieles atadas	*ms.t* ‘delantal de piel’	*ms*	-	-	-
F32		Vientre de mamífero	*ẖ.t* ‘vientre’	*ẖ*	-	-	-
F33		Cola	*sd* ‘cola’	*sd*	-	-	-
F34		Corazón	*ỉb* ‘corazón’	-	corazón (*ḥꜣ.ty*)	-	-
F35		Corazón y tráquea	*nfr* ‘tráquea’	*nfr*	-	-	-
F36		Pulmones y tráquea	*smꜣ* ‘pulmón’	*smꜣ*	-	-	-
F37		Espina dorsal emitiendo médula, y costillas	*ỉꜣ.t* ‘espalda’	*sm* (confusión con M21)	espalda (*psḏ*)	-	 (M21)

Nº	*Signo*	*Imagen*	*Ideograma*	*Fonograma*	*Determinativo*	*Alternancias*	*Confusiones*
F38		Espina dorsal y costillas de un lado	*psḏ* 'espalda'	-	espalda (*psḏ*)	-	-
F39		Espina dorsal con médula y costillas de un lado	*ỉmꜣḫ* 'médula'	*ỉmꜣḫ*	espalda	-	-
F40		Espina dorsal con médula por dos lados y costillas de uno	-	*ꜣw*	-	-	-
F41		Vértebras	-	-	espalda, sacrificio, masacre	-	-
F42		Costilla	*spr* 'costilla'	*spr*	costillas	(F43)	 (D24) y (N11)
F43		Costillar	-	-	costillas	-	-
F44		Tibia o fémur	-	*ỉwꜥ*, *ỉsw*	tibia, fémur	-	-
F45		Útero de becerra	*ỉd.t* 'vulva, vaca'	-	vulva, vaca	-	-

Nº	Signo	Imagen	Ideograma	Fonograma	Determinativo	Alternancias	Confusiones
F46		Intestino[119]	*qꜣb* 'intestinos', *pẖr* 'circular', *dbn* 'dar una vuelta'	*pẖr*, *dbn*	volver, dar la vuelta	-	-
F47		Variante del anterior					
F48		Idem					
F49		Idem					
F50		F46 y S29	*spẖr* 'copiar'	-	-	-	-
F51		Trozo de carne	*ḥꜥ.w* 'cuerpo'	*ws* / *ꜣs*	carne, órganos corporales	-	(H8)[120]
F52		Excremento	-	-	excrementos	-	(N32) y (Aa2)

G. Aves

Nº	Signo	Imagen	Ideograma	Fonograma	Determinativo	Alternancias	Confusiones
G1		Alimoche	*ꜣ* 'alimoche'	*ꜣ*	-	-	(G4)

[119] Este signo, así como F47, F48 y F49, pueden ser una hoja de metal plegada y no el intestino de un animal.

[120] Dudoso.

Nº	*Signo*	*Imagen*	*Ideograma*	*Fonograma*	*Determinativo*	*Alternancias*	*Confusiones*
G2		Dos alimoches	-	*ꜣꜣ*	-	-	-
G3		G1 y U1	-	*mꜣ*	-	-	-
G4		Cernícalo	-	*ṯyw*	-	-	 (G1)
G5		Halcón	*ḥr* 'Horus', *bỉk* 'halcón'	-	halcones	-	-
G6		Variante del anterior			halcones		
G7		Halcón sobre estandarte	-	-	dios, rey, 1ª persona divina o real (hierático)	-	-
G7a		Halcón sobre barca	*nm.ty* 'Nemty'	-	-	-	-
G7b		Variante del anterior					
G8		G5 sobre S12	*ḥr nbw* 'Horus de oro'	-	-	-	-
G9		Halcón con disco	*rꜥ-ḥr* 'Horus-Ra' (en *rꜥ-ḥr-ꜣḫ.ty*)	-	-	-	-
G10		Halcón en la barca de	*skr* 'Sokar'	-	-	-	-

Nº	*Signo*	*Imagen*	*Ideograma*	*Fonograma*	*Determinativo*	*Alternancias*	*Confusiones*
		Sokar					
G11		Estatua de halcón	-	-	imagen divina, pecho	-	-
G12		Variante del anterior			imagen divina		
G13	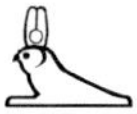	Estatua de halcón con doble pluma	*ḥr* 'Horus' (en *ḥr-nẖn.y*)	-	Sopdu	-	-
G14		Buitre	*nr.t* 'buitre'	*mwt*, *nr*	buitres	-	-
G15		Buitre con látigo	*mw.t* 'Mut'	-	-	-	-
G16		Buitre y cobra sobre cestos	*nb.ty* 'las Dos Señoras'	-	-	-	-
G17		Lechuza	-	*m*	-	-	-
G18		Dos lechuzas	-	*mm*	-	-	-
G19		Lechuza y D37	-	*mi* > *m*	-	-	-
G20		Variante del anterior					
G21		Pintada	*nḥ* 'pintada'	*nḥ*	-	-	-
G22		Abubilla	*ḏb* 'abubi-	*ḏb*	-	-	-

Nº	*Signo*	*Imagen*	*Ideograma*	*Fonograma*	*Determinativo*	*Alternancias*	*Confusiones*
			lla’				
G23		Avefría	*rḫ.t* ‘avefría’	*rḫyt*	-	-	-
G24		Variante del anterior					
G25		Ibis con penacho	*ꜣḫ* ‘espíritu’	*ꜣḫ*	-		
G26		Ibis sagrado sobre estandarte	*ḏḥwty* ‘Thot’	-	ibis	-	-
G27		Flamenco	*dšr* ‘flamenco’	*dšr*	-	-	-
G28		Ibis negro	-	*gm*	-	-	-
G29		Jabirú africano	*bꜣ* ‘ba’	*bꜣ*	-	-	-
G30		Tres jabirúes africanos	*bꜣ.w* ‘bas’	*bꜣw*	-	-	-
G31		Garza	*bn.w* ‘fénix’	-	fénix	-	-
G32		Garza encaramada	*bꜥḥi* ‘inundar’	-	inundar	-	-
G33		Garceta	-	-	garcetas, temblar	-	-
G34		Avestruz	-	-	avestruces	-	-

Nº	*Signo*	*Imagen*	*Ideograma*	*Fonograma*	*Determinativo*	*Alternancias*	*Confusiones*
G35		Cormorán	*ˁq* 'entrar'	-	-	-	-
G36		Golondrina	*wr* 'golondrina'	*wr*	alondra	-	-
G37		Gorrión	*nḏs* 'pequeño', *šri* 'niño'	-	pequeñez, maldad, carencia	-	-
G38		Oca	*gb* 'oca'	*gb*, *ḥtm*	anátidas y sus acciones, volar	-	 (G39)
G39		Pato golondrino	*z3.t* 'pato'	*z3*	-	-	 (G38). Por hierático: (H8)
G40		Oca en vuelo	*p3i* 'alzar el vuelo'	*p3*	-	-	 (G41)
G41		Oca posándose	*sḥwi* 'juntar'	*ẖn*, *qm*, *ṯn*	posarse, aterrizar, parar, juntar, nómada	-	 (G38) y  (G40)
G42		Pato cebón	*wš3* 'cebar'	-	provisiones	-	-
G43		Pollo de codorniz	-	*w*	-	-	-
G44		Dos pollos de codorniz	-	*ww*	-	-	-

Nº	Signo	Imagen	Ideograma	Fonograma	Determinativo	Alternancias	Confusiones
G45		Pollo de codorniz y D36	-	*wꜥ*	-	-	-
G46		Pollo de codorniz y U1	-	*mꜣw*	-	-	-
G47		Pollo de pato	*ṯꜣ* 'polluelo'	*ṯꜣ*	-	-	-
G48		Tres pollos de pato en un nido	-	-	nidos	-	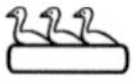 (G49)
G49		Tres pollos de pato en un estanque	*zš* > *sš* 'nido, marisma'	-	-	-	 (G48)
G50		Dos avefrías sin penacho	-	*rḫty*	-	-	-
G51		Garceta picando un pez	*ḥꜣm* 'pescar'	*ḥꜣm*	pescar	-	-
G52		Oca picoteando	-	-	alimentar	-	-
G53		Pájaro con cabeza humana y R7 delante	*bꜣ* 'ba'	-	-	-	-
G54		Oca preparada para cocinar	-	*snḏ*	ofrenda	-	-

H. Partes de aves

Nº	*Signo*	*Imagen*	*Ideograma*	*Fonograma*	*Determinativo*	*Alternancias*	*Confusiones*
H1		Cabeza de pato golondrino o de oca	*ꜣpd.w* ‘aves de corral, aves’	-	ofrenda	-	-
H2		Cabeza de ave con penacho	-	*mꜣꜥ*, *wšm*, *pꜣq*	sien, garganta	-	 (H3)
H3		Cabeza de espátula	-	*pꜣq* > *pq*	delgadez	-	-
H4		Cabeza de buitre	-	*nr*	buitre	-	-
H5		Ala	-	-	ala, volar	-	-
H6		Pluma de avestruz	*šw.t* ‘pluma’, *mꜣꜥ.t* ‘Maat’	*šw*	orden	-	-
H6A		Pluma de avestruz con dos trazos	-	*šw* (en hierático)	-	-	-
H7		Garra	*šꜣ.t* ‘garra’	*šꜣ*	garras	-	-
H8		Huevo	*pꜥ.t* ‘patricios’	-	huevo, nombres de diosas	-	Por hierático:  (G39)

I. Anfibios y reptiles

Nº	*Signo*	*Imagen*	*Ideograma*	*Fonograma*	*Determinativo*	*Alternancias*	*Confusiones*
I1		Lagarto	*ꜥš3* 'lagarto', *ꜥš3* 'muchos'	*ꜥš3*	lagartos	-	-
I2		Tortuga	*št.w* 'tortuga'	-	-	-	-
I3		Cocodrilo	*mzḥ* 'cocodrilo'	-	agresividad, voracidad, Sobek	-	-
I3a	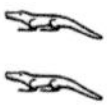	Dos cocodrilos	*it.y* 'soberano'	-	-	-	-
I4		Cocodrilo sobre naos	*sbk* 'Sobek'	-	Sobek	-	-
I5		Cocodrilo con la cola plegada	*s3q* 'reunir'	-	reunir	-	-
I6		Piel de cocodrilo	-	*km*	-	-	-
I7		Rana	*wḥm-ꜥnḫ* 'renovación de la vida'		ranas, Hequet	-	-
I8		Renacuajo	-	*ḥfn*	renacuajos	-	-
I9		Víbora cornuda	*f.y* 'víbora', *it* 'padre'	*f*	-	-	-
I10		Cobra	*ḏ.t* 'cobra'	*ḏ*	-	-	-

Nº	*Signo*	*Imagen*	*Ideograma*	*Fono-grama*	*Determinativo*	*Alternan-cias*	*Confu-siones*
I11		Dos cobras	-	*ḏḏ*	-	-	-
I12		Cobra alza-da	-	-	uraeus, diosa	-	-
I13		Variante del anterior					
I14		Serpiente	-	-	reptiles, gu-sanos	-	-
I15		Variante del anterior					

K. Peces

Nº	*Signo*	*Imagen*	*Ideogra-ma*	*Fono-grama*	*Determinati-vo*	*Alter-nancias*	*Confusio-nes*
K1		Tilapia nilótica	*ỉn.t* 'tila-pia'	*ỉn*	-	-	-
K2		Barbo nilótico	-	*bw*	-	-	-
K3		Lisa	-	*ʿḏ*	mugílidos	-	-
K4		Oxirrinco	*ẖ3.t* 'oxi-rrinco'	*ẖ3*	-	-	-
K5		*Petrocephalus bane*	-	-	peces, accio-nes de peces, introducir	-	-
K6		Escama de pez	*nšm.t* 'es-cama'	-	escama	-	-

Nº	*Signo*	*Imagen*	*Ideograma*	*Fonograma*	*Determinativo*	*Alternancias*	*Confusiones*
K7		*Tetrodon fahaka*	*špt* 'estar irritado'	-	hinchar, irritar	-	-

L. Invertebrados

Nº	*Signo*	*Imagen*	*Ideograma*	*Fonograma*	*Determinativo*	*Alternancias*	*Confusiones*
L1		Escarabajo	*ḫprr* 'escarabajo'	*ḫpr*	-	-	-
L2		Abeja	*bi.t* 'abeja, miel'	*bit*	-	-	-
L3		Mosca	-	-	moscas	-	-
L4		Saltamontes	-	-	saltamontes	-	-
L5		Escolopendra	*zpꜣ* 'escolopendra, Sepa, silla de mano'	-	-	-	-
L6		Concha	-	*ḫꜣ*	-	-	-
L7		Escorpión acuático	*srq.t* 'Selquet'	-	Selquet	-	-

M. Plantas

Nº	*Signo*	*Imagen*	*Ideograma*	*Fonograma*	*Determinativo*	*Alternancias*	*Confusiones*
M1		Árbol	*ỉmꜣ* 'árbol *ỉmꜣ*'	*ỉmꜣ* > *ỉꜣm* > *ỉm*	árboles	-	-
M2		Mata	*ḥnỉ* 'junco'	*ḥn*, *ỉs*	Vegetales, plantas, 1ª persona (sustituye a A1)	-	-
M3		Rama	*ḫt* 'madera'	*ḫt*	árboles, maderas	-	-
M4		Hoja de palma	*rnp.t* 'año', *tr* 'momento', *snf* 'año pasado'	*rnp*, *tr*	-	-	(M5), M6 y (M7)
M5		M4 sobre X1	*tr* 'momento'	-	-	-	(M4)
M6		M4 sobre D21	*rr* 'momento'	*rr* > *rỉ*	-	-	(M4)
M7		M4 sobre Q3	-	*rnp*	-	-	(M4)
M8		Flores de loto en un estanque	*šꜣ* 'pantano, estanque', *ꜣḫ.t* 'estación de inundación'	*šꜣ*	-	-	-
M9		Flor de loto	*zšn* 'flor de loto'	-	flor de loto	-	-

Nº	*Signo*	*Imagen*	*Ideograma*	*Fonograma*	*Determinativo*	*Alternancias*	*Confusiones*
M10		Capullo de loto	*nḫb.t* 'capullo de loto'	-	capullo de loto	-	-
M11		Flor con el tallo replegado	*wdn* 'ofrecer'	-	ofrecer	-	(F46)
M12		Planta de loto	*ḫꜣ* 'hoja'	*ḫꜣ*	-	-	-
M13		Papiro	*wꜣḏ* 'papiro, columna papiriforme'	*wꜣḏ* > *wḏ*	-	-	(V24)
M14		Papiro y cobra	-	*wꜣḏ* > *wḏ*	-	-	(V24)
M15		Planta de papiro con capullos	*idḥ.w* 'pantano del delta', *mḥ.w* 'delta'	-	papiro	(M16)	-
M16		Planta de papiro	*ḥꜣ* 'mata de papiro'	*ḥꜣ*	-	(M15)	-
M17		Junco en flor	*i* 'junco'	*i*	-	-	-
M17a		Dos juncos en flor	-	*y*	-	-	-
M18		Junco en flor sobre D54	*ii* 'venir'	-	-	-	-
M19		M17 y U36 unidos por un zigzag	*ꜥꜣb.w* 'lechuga', *ꜥꜣb* 'agradable',	*ꜥꜣb*	-	-	-

Nº	*Signo*	*Imagen*	*Ideograma*	*Fonograma*	*Determinativo*	*Alternancias*	*Confusiones*
			ꜥꜣb.t ‘ofrenda’				
M20		Campo de juncos con tallos cortados alternos	*sḫ.t* ‘campo’	-	-	-	-
M21		Campo de juncos	*sm* ‘plantas, vegetación’	*sm*	-	(M20)	-
M22		Junco de las lagunas (*juncus tenageia*)	*nḫb.t* ‘germinación’	*nḫb*	-	-	-
M22a		Dos juncos de las lagunas	*nn.t* ‘juncos de las lagunas’	*nn*	-	-	-
M23		Planta heráldica del Alto Egipto	*sw.t* ‘junco’	*sw*	-	(M24) y (M26)	-
M24		Planta heráldica del Alto Egipto sobre D21	-	*rs*	-		-
M25		Planta heráldica del Alto Egipto en flor sobre D21	-	-	-	(M24) y (M26)	-

Nº	Signo	Imagen	Ideograma	Fonograma	Determinativo	Alternancias	Confusiones
M26		Planta heráldica del Alto Egipto en flor	*šmꜥ.w* 'Alto Egipto'	*šmꜥ*	-	-	-
M27		Planta heráldica del Alto Egipto en flor y D36. Variante de (M26)	-	-	-	-	-
M28		Planta heráldica del Alto Egipto en flor sobre V20	*mḏ.w-šmꜥ.w* 'Decenas del Alto Egipto'	-	-	-	-
M29		Vaina de algarrobo	*nḏm* 'algarrobo'	*nḏm*	-	-	-
M30		Espata de palmera datilera	*bnr* 'dátil'	*bnr*	-	-	-
M31		Rizoma de loto	*rd* 'rizoma de planta, planta'	*rd*	-	-	-
M32		Variante de (M31)					
M33		Granos de cereal	*it* 'cebada'	-	cereales, grano	-	-
M34		Espiga de	*bd.t* > *bty*	-	-	-	-

Nº	*Signo*	*Imagen*	*Ideograma*	*Fono-grama*	*Determinativo*	*Alter-nancias*	*Confusio-nes*
		escanda	'escanda'				
M35		Montón de grano	-	-	montón, amontonar	-	-
M36		Gavilla de tallos de lino con cápsulas	*ḏr* 'límite'	*ḏr*	atar	-	-
M37		Variante del anterior					
M38		Variante del anterior			lino, atar		
M39		Cuenco con frutas o grano	-	-	ofrendas vegetales	-	-
M40		Manojo de juncos atados	*ỉz.w* 'junco'	*ỉz*	-	-	-
M41		Astilla o grieta de madera	-	-	madera	-	-
M42		Flor	-	*wn*	-	-	Por hierático: (Z11)
M43		Emparrado	-	-	viña, vino, jardín, fruta	-	-
M44		Espina	*spd* 'puntiagudo'	-	espina	-	-

N. Cielo, tierra y agua

Nº	*Signo*	*Imagen*	*Ideograma*	*Fonograma*	*Determinativo*	*Alternancias*	*Confusiones*
N1		Bóveda celeste	*p.t* ‘cielo’, *ḥr.y* ‘jefe’	-	cielo, elevar	-	-
N2		Bóveda celeste con astro colgando	*grḥ* ‘noche’	-	noche, oscuridad	-	-
N3		Variante del anterior					
N4		Bóveda celeste con lluvia cayendo	*ỉꜣd.t* ‘rocío’	-	rocío, lluvia	-	-
N5		Disco solar	*rꜥ* ‘Ra’, *sw.w* ‘día (fecha)’, *hrw* ‘día’	-	sol, día, tiempo, luz	-	-
N6		Sol con *uraeus*	*rꜥ* ‘Ra’	-	-	-	-
N7		N5 sobre T28	*ẖr.t-hrw* ‘ración diaria’	-	-	-	-
N8		Sol radiante	*ỉꜣḫ.w* ‘radiación solar’, *wbn* ‘despuntar’, *ḥnm-*	-	brillar	-	-

Nº	Signo	Imagen	Ideograma	Fonograma	Determinativo	Alternancias	Confusiones
			m.t 'colectivo solar'				
N9		Luna oscurecida	*psḏ(n)tyw* 'luna nueva'	*psḏ*	-	-	-
N10		Variante del anterior					
N11		Creciente lunar	*iʿḥ* 'luna', *ꜣbd* 'mes', *šsp* 'palmo'	-	-	-	(D24) y (F42)
N12		Variante del anterior	*iʿḥ* 'luna'				
N13		Medio creciente lunar y estrella	(...)*n.t* 'fiesta de la mitad del mes'	-	-	-	-
N14		Estrella	*sbꜣ* 'estrella', *dwꜣ.t* 'lucero del alba, aurora', *wn.wt* 'hora'	*sbꜣ*, *dwꜣ*	estrella, tiempo	-	-
N15		Estrella en un círculo	*dwꜣ.t* 'Duat'	-	-	-	-
N16		Tierra llana con tres granos de	*tꜣ* 'tierra, país'	*tꜣ*	propiedad funeraria	-	-

Nº	Signo	Imagen	Ideograma	Fonograma	Determinativo	Alternancias	Confusiones
		arena					
N17		Variante del anterior					
N18		Islote de arena	*ỉw* ‘isla’	-	desierto, país extranjero	-	(S26a), (X4 a) y (Z8)
N19		Dos islotes de arena	*ꜣḫ.ty* en *ḥr-ꜣḫ.ty* ‘Horajty’	-	-	-	-
N20		Lengua de tierra.	*wḏb* ‘orilla’	*wḏb*	-	(N21)	-
N21		Trozo de tierra.	*ỉdb* ‘orilla’	-	orilla, terrenos	(N20) y (N23)	-
N22		Variante de los dos anteriores					
N23		Canal de riego	-	-	tierra irrigada, país	-	-
N24		Zona regada por acequias. Puede sustituir a Aa8	*spꜣ.t* ‘nomo’	-	jardín, nombre de región	-	-

Nº	*Signo*	*Imagen*	*Ideograma*	*Fonograma*	*Determinativo*	*Alternancias*	*Confusiones*
N25	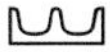	Colinas esteparias	*ḫꜣs.t* 'estepa, país extranjero'	-	país extranjero, estepas, desiertos	-	-
N25a		Colinas esteparias sobre estandarte	*ḥꜣ* 'Ja (dios del desierto)'	-	-	-	-
N26		Valle entre dos colinas	*ḏw* 'montaña'	*ḏw*	-	-	-
N27		Sol despuntando entre dos colinas	*ꜣḫ.t* 'horizonte'	-	-	-	-
N28		Colina iluminada por el sol	*ḫʿ* 'colina', *ḫʿỉ* 'aparecer'	*ḫʿ*	-	-	-
N29		Pendiente de arena[121]	*qꜣꜣ* 'altura, elevación'	*q*	-	-	-
N30		Colina con matorrales	*ỉꜣ.t* 'montículo'	-	-	-	-
N31		Camino flanqueado por papiros	*wꜣ.t* 'camino', *wꜣỉ* 'estar lejos', *ḥrỉ* 'Horus'	-	camino, lejanía, elevación	-	-
N32		Pella de arcilla.	-	*sin*	arcilla	-	(F52) y

[121] Cabe la posibilidad de que, en lugar de arena, se trate de grano.

Nº	Signo	Imagen	Ideograma	Fonograma	Determinativo	Alternancias	Confusiones
							Aa2.
N33		Grano de arena	-	-	arena, minerales, material pulverulento, redondez	-	-
N33A		Tres granos de arena en horizontal	-	-	plural	(Z2)	-
N33B		Tres granos de arena en vertical	-	-	plural	(Z3)	-
N34		Crisol	*bḏ* 'molde', *ḥm.ty* 'orfebre'	-	metales, objetos metálicos	-	-
N35		Onda de agua	-	*n*	-	-	(D35)
N35A		Tres ondas de agua	*m.w* 'agua'	*mw*	agua, líquidos	-	-
N36		Canal	*mr* 'canal'	*mr* > *mỉ*	extensión de agua	(N37)	-
N37		Extensión de agua	*š* 'lago, estanque'	*š*	extensión de agua	(N36)	(X4) y (O39)
N38		Variante					

Nº	Signo	Imagen	Ideograma	Fonograma	Determinativo	Alternancias	Confusiones
		del anterior					
N39		Idem					
N40		N37 sobre D54	*šm* 'irse'	-	-	-	-
N41		Foso lleno de agua	*ḥm.t* 'mujer, útero', *bἰ3.w* 'zona minera'	*ḥm, bἰ3*	pozo, fuente, pantano; minerales, cobre	-	(V37) y (W10)
N42		Variante del anterior					

O. Construcciones y partes de edificios

Nº	Signo	Imagen	Ideograma	Fonograma	Determinativo	Alternancias	Confusiones
O1		Croquis de una casa	*pr* 'casa'	*pr*	edificio, habitación, asiento	-	-
O2		O1 y T3	*pr-ḥḏ* 'tesoro estatal'	-	-	-	-
O3		O1, P8, X3 y W22	*pr.t-ḫrw* 'ofrenda funeraria'	-	-	-	-
O4		Refugio	*h* 'cercado'	*h*	-	-	-
O5		Muro en zigzag[122]	*nmi* 'recorrer'	*nm, mr*	calle	-	-

Nº	*Signo*	*Imagen*	*Ideograma*	*Fonograma*	*Determinativo*	*Alternancias*	*Confusiones*
O6		Alzado de una finca	*ḥw.t* 'mansión'	-	-	-	-
O7		Variante del anterior					
O8		O6 y O29.	*ḥw.t-ˁꜣ.t* 'templo'	-	-	-	-
O9		O6 bajo V30	*nb.t-ḥw.t* 'Nephthys'	-	-	-	-
O10		O6 con G5 dentro	*ḥw.t-ḥr* 'Hathor'	-	-	-	-
O11		Palacio	*ˁḥ* 'palacio'	-	-	-	-
O12		Variante del anterior					
O13		Muro en zigzag con decoración *ḫkr*	*wsḫ.t* 'sala ancha'	-	portal, encerrar	-	-
O14		Variante del anterior					
O15		Idem					
O16		Puerta con friso de cobras	*tꜣ.yt* 'cortina, pantalla'	*tꜣ*	-	-	-
O17		Variante del anterior					

122 Puede tratarse de un itinerario en zigzag.

Nº	*Signo*	*Imagen*	*Ideograma*	*Fonograma*	*Determinativo*	*Alternancias*	*Confusiones*
O18		Capilla de perfil	*kꜣr* 'capilla, naos'	-	-	-	-
O19		Santuario predinástico con mástiles	*pr-wr* 'Casa grande (santuario del Alto Egipto)'	-	santuario del Alto Egipto	-	-
O20		Santuario predinástico abovedado	-	-	santuario del Alto Egipto, santuarios	-	-
O21		Fachada de santuario	*zḥ* en *zḥ-nṯr* 'capilla divina'	-	-	-	-
O22		Pabellón con columna	*zḥ* en *zḥ-nṯr* 'capilla divina', *ḥb* 'pabellón, fiesta'	*ḥb*	-	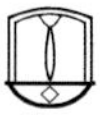 (W4)	-
O23		Pabellón del jubileo real con doble trono	*ḥb-sd* 'jubileo real'	-	-	-	-
O24		Pirámide	*mr* 'pirámide'	-	pirámide, tumba, nombres de pirámides y templos funerarios	-	-
O25		Obelisco	*tḫn* 'obelisco'	-	obelisco	-	-
O26		Estela	*wḏ* 'estela'		estelas		

Nº	*Signo*	*Imagen*	*Ideograma*	*Fonograma*	*Determinativo*	*Alternancias*	*Confusiones*
O27		Sala columnada	-	*ḫ3*	salas columnadas	-	-
O28		Pilar	*ỉwn* ‘pilar’	*ỉwn*	-	-	-
O29		Viga de madera	*ꜥ3* ‘columna’	*ꜥ3*	-	-	-
O29a		Variante del anterior					
O30		Puntal	*sḫn.t* ‘puntal’	-	puntal	-	-
O31		Hoja de puerta tumbada	*ꜥ3* ‘puerta de dos hojas, hoja de puerta’	*ꜥ3*	abrir	-	-
O32		Puerta monumental	*sb3* ‘puerta’	-	puertas	-	-
O33		Fachada de palacio real	*srḫ* ‘trono’	-	trono, nombre de Horus	-	-
O34		Cerrojo.	*z* ‘cerrojo’	*z*	-	-	(R22) y (Aa8)
O35		O34 sobre D54	*zbỉ* ‘pasar’	*zb* > *zy* > *z*	-	-	-
O36		Muro	*ỉnb* ‘muro’	-	muros, murallas	-	-

Nº	*Signo*	*Imagen*	*Ideograma*	*Fonograma*	*Determinativo*	*Alternancias*	*Confusiones*
O37		Muro derrumbándose	-	-	demoler, derribar, inclinar, destruir	-	-
O38		Esquina	*qnb.t* 'esquina'	-	puertas, trayecto sinuoso	-	-
O39		Sillar o ladrillo	-	-	piedras, ladrillos, minerales	-	-
O40		Escalera	*rwd* 'escalera', *ḫtyw* 'plataforma con peldaños', *ṯntꜣ.t* 'estrado'	-	escaleras, estrados, plataformas	-	-
O41	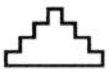	Escalera doble	-	-	elevación, subir	-	-
O42		Balaustrada	-	*šzp* > *sšp*	-	-	-
O43	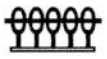	Variante del anterior					
O44		Emblema del templo de Min	*ỉꜣ.t* 'función', *ỉꜣ.wt* 'ganado'	-	función	-	-
O45		Edificio abovedado	*ỉp.t* 'harén'	-	-	-	-
O46		Variante del anterior					

Nº	Signo	Imagen	Ideograma	Fonograma	Determinativo	Alternancias	Confusiones
O47		Edificio predinástico de Hieracómpolis	*nḫn* 'Hieracómpolis'	-	-	-	-
O48		Variante del anterior					(O50)
O49		Cruce dentro de una muralla	*niw.t* 'ciudad'	-	ciudad, región habitada	-	-
O50		Era con grano	-	*zp*	era	-	(O48)
O51		Granero	*šn.wt* 'granero'	-	granero, silo	-	-

P. Barcos y partes de barcos

Nº	Signo	Imagen	Ideograma	Fonograma	Determinativo	Alternancias	Confusiones
P1		Barco	*dp.t* 'barco'	-	embarcaciones, navegar	-	-
P1A		Barco invertido	*pnꜥ* 'invertir'	-	invertir	-	-
P2		Barco a la vela	*ḫnti* 'navegar aguas arriba'	-	navegar aguas arriba	-	-
P3		Barca sagrada	*wiꜣ* 'barca solar'	-	barcas sagradas, navegación divina	-	-
P4		Barca de pesca con	*wḥꜥ* 'pescador'	*wḥꜥ*	-	-	-

Nº	*Signo*	*Imagen*	*Ideograma*	*Fonograma*	*Determinativo*	*Alternancias*	*Confusiones*
		red					
P5		Vela	*ṯ3w* ‘viento’, *nf.w* ‘marino’	-	vela, viento, respirar	-	-
P6		Mástil con escala	-	*ꜥḥꜥ*	-	-	-
P7		Variante del anterior					
P8		Remo	*wsr*, *ḥp.t* ‘remo’	*ḫrw*	-	-	-
P9		P8 e I9	*ḫrw* en *ḫrw(y).f(y)* ‘dirá él’	-	-	-	-
P10		Remo de gobierno	-	-	remo de gobierno, piloto	-	-
P11		Estaca de amarre	-	-	amarrar, fijar	-	(T14)

Q. Mobiliario doméstico y funerario

Nº	*Signo*	*Imagen*	*Ideograma*	*Fonograma*	*Determinativo*	*Alternancias*	*Confusiones*
Q1	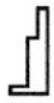	Asiento	*s.t* ‘asiento, sitio’, *ḥtm.t* ‘silla’	*st*, *ws*, *ḥtm*	-	-	-

Nº	Signo	Imagen	Ideograma	Fono-grama	Determinativo	Alter-nancias	Confusio-nes
Q2		Variante del anterior					
Q3		Estera o taburete	*p* 'base'	*p*	-	-	-
Q4		Reposacabezas	-	-	reposacabezas	-	-
Q5		Cofre	-	-	cofres, cajas	-	-
Q6		Ataúd	*qrs* 'enterrar'	-	enterrar, ataúd	-	-
Q7		Brasero humeante	*fsi* 'cocinar', *ẖ.t* 'fuego', *srf* 'arder'	-	fuego, calor, cocinar	-	-

R. Mobiliario sagrado y material de culto

Nº	Signo	Imagen	Ideograma	Fono-grama	Determinativo	Alter-nancias	Confusio-nes
R1		Mesa con ofrendas	*ẖ3w.t* 'mesa de ofrendas'	-	mesa de ofrendas	-	-
R2		Variante del anterior					
R3		Mesa con ofrendas	*wdḥ.w* 'mesa de ofrendas'	-	mesa de ofrendas	-	-

Nº	Signo	Imagen	Ideograma	Fonograma	Determinativo	Alternancias	Confusiones
R4		Pan sobre una estera	*ḥtp* 'mesa de ofrendas'	*ḥtp*	-	-	-
R5		Incensario	*k3p* 'incensar'	*k3p*, *kp*	-	-	-
R6		Variante del anterior					
R7		Recipiente quemaperfumes	*snṯr* 'incienso'	*b3*, *it*	-	-	(W10a) (en *b3*) y (X2) (en *it*)
R8		Emblema divino	*nṯr* 'dios'	*nṯr*	divinidades	-	-
R9		R8 sobre V33	*bd* 'natrón'	-	natrón	-	-
R10		R8, T28 y parte de N25	*ẖr.t-nṯr* 'necrópolis'	-	-	-	-
R11		Fetiche de Osiris	*ḏd* 'pilar dyed'	*ḏd*	-	-	-
R12		Estandarte	-	-	estandarte	-	-
R13		Horus sobre R12 con pluma	*imn.t* 'Oeste'	-	-	-	-
R14		Variante del ante-					

Nº	*Signo*	*Imagen*	*Ideograma*	*Fono-grama*	*Determinativo*	*Alter-nancias*	*Confusio-nes*
		rior					
R15		Emblema del este	*i3b.t* 'Este'	*3b*	-	-	(U23)
R16		Papiro con tallo, dos plumas y lazo	*wḫ* 'fetiche uj (Cusae)'	-	-	-	-
R17		Fetiche de Abidos	*t3-wr* 'nomo tinita'	-	-	-	-
R18		Variante del ante-rior					
R19		Cetro *w3s* con pluma (emblema del nomo IV del Alto Egipto)	*w3s.t* 'Tebas (ciudad y nomo)'	-	-	-	-
R20		Emblema de Seshat	*sš3.t* 'Seshat'	-	-	-	-
R21		Variante del ante-rior					
R22		Emblema de Min	*mn.w* 'Min', *ḫm* 'Letópolis'	*ḫm*	-	-	-
R23		Variante del ante-rior					

Nº	*Signo*	*Imagen*	*Ideograma*	*Fonograma*	*Determinativo*	*Alternancias*	*Confusiones*
R24		Emblema de Neith (dos arcos en sus carcajes)	*n.t* 'Neith'	-	-	-	-
R24a		Variante del anterior					
R25		Idem					

S. Coronas, ropa y cetros

Nº	*Signo*	*Imagen*	*Ideograma*	*Fonograma*	*Determinativo*	*Alternancias*	*Confusiones*
S1		Corona blanca (Alto Egipto)	*ḥḏ.t* 'corona blanca'	-	nombres de la corona del Alto Egipto	-	-
S2		Variante del anterior					
S3		Corona roja (Bajo Egipto)	*dšr.t* 'corona roja'	-	nombres de la corona del Bajo Egipto	-	-
S4		Variante del anterior					
S5		S1 y S3	*sḫm.ty* 'doble corona, *pschent*'	-	-	-	-

Nº	*Signo*	*Imagen*	*Ideograma*	*Fonograma*	*Determinativo*	*Alternancias*	*Confusiones*
S6		Variante del anterior					
S7		Corona azul	*ḫprš* 'corona azul'	-	corona azul	-	-
S8		Corona atef	*ꜣtf* 'corona atef'	-	corona atef	-	-
S9		Pluma doble	*šw.ty* 'las dos plumas'	-	las dos plumas	-	-
S10		Cinta para el pelo	*mḏḥ* 'cinta'	*mḏḥ*	corona, guirnalda	-	-
S11		Collar de cuentas	*wsḫ* 'collar ancho'	-	collar ancho, ensanchar	-	-
S12		Collar de oro	*nbw* 'oro', *nb.yt* 'collar de oro'	-	metales preciosos	-	-
S13		S12 y D58	*nbi* 'dorar'	-	-	-	-
S14		S12 y T3	*ḥḏ* 'plata'	-	-	-	-
S14A		S12 y S40	*ḏꜥm* 'electron'	-	-	-	-
S15		Pectoral de cuentas	*ṯḥn.t* 'fayenza', *ṯḥn* 'titilar'	*ṯḥn*	-	-	-
S16		Variante del anterior					

Nº	*Signo*	*Imagen*	*Ideograma*	*Fonograma*	*Determinativo*	*Alternancias*	*Confusiones*
S17		Faldellín de cuentas	*šzm.t* ‘faldellín de cuentas de malaquita, malaquita, diosa Shesemet’	-	-	-	-
S17A		Variante del anterior					
S18		Collar de cuentas con contrapeso	*mni͗.t* ‘collar menat (hathórico)’	-	-	-	-
S19		Cilindro-sello con collar	*šḏȝ.wty* / *ḫtm.w* ‘guardián del sello’	-	-	-	-
S20		Cilindro-sello con cordón.	*ḫtm* ‘sello, sellar’, *šꜥ.ty* > *sn.wy* ‘1/12 de *deben*’	-	sello, sellar, 1/12 de *deben*	 (S19) y  (E31)	-
S21		Anillo	-	-	anillos, discos metálicos		-
S22		Nudo de los tirantes de un vestido	*sṯ.t* ‘vestido’, *tȝ* en *tȝ-wr* ‘babor’	*sṯ* > *st*	babor	-	-
S23		Dos látigos sobre V9	*dmḏ* ‘unir’	*dm*	-	-	-

Nº	Signo	Imagen	Ideograma	Fonograma	Determinativo	Alternancias	Confusiones
S24		Nudo	*ṯz.t* ‘nudo’	*ṯz*	-	-	-
S25		Vestido	-	*ꜥ3w*	-	-	-
S26		Taparrabos	*šnḏ.yt* ‘taparrabos real’		‘taparrabos real’	-	-
S26a		Pieza de tela. Confusión con N18	*d3i.w* ‘fardo de ropa, vestido’	-	-	-	-
S27		Tela con flecos	*mnḫ.t* ‘vestido, ropa’	-	vestido, ropa	-	-
S28		Tela con flecos y S29	-	-	vestir(se), desvestir(se), ropa	-	-
S29		Tela plegada	*snb* ‘tener salud’ (abreviatura)	*s*	tela *d3i.w*	-	-
S30		S29 e I9	-	*sf*	-	-	-
S31		S29 y U1	-	*sm3*	-	-	-
S32		Pieza de tela con flecos	*si3.t* ‘pieza de tela’	*si3*	-	-	-
S33		Sandalia	*ṯb.t* ‘sandalia’	-	-	-	-
S34		Collera de animal de tiro[123]	*ꜥnḫ* ‘collera, espejo’	*ꜥnḫ*	-	-	-

Nº	*Signo*	*Imagen*	*Ideograma*	*Fonograma*	*Determinativo*	*Alternancias*	*Confusiones*
S35		Parasol de plumas de avestruz	*šw.t* ‘sombra’, *šw* ‘protección’	-	insignia	-	-
S36		Variante de S35					
S37		Abanico pequeño	*ḫw* ‘abanico’	-	-	-	-
S38		Cayado de pastor. Puede sustituir a S39	*ḥqꜣ.t* ‘cetro’	*ḥqꜣ*	-	-	-
S39		Cayado de pastor	*ꜥw.t* ‘cayado de pastor’	-	-	-	-
S40		Cetro con cabeza de animal setiano	*wꜣs* ‘cetro uas’	*wꜣs*	-	-	(S41)
S41		Cetro con cabeza de animal setiano y fuste ondulado	*ḏꜥm* ‘cetro dyam’	*ḏꜥm*	-	-	(S40)
S42		Cetro	*ꜥbꜣ* ‘cetro aba’, *sḫm* ‘ce-	*ꜥbꜣ*, *sḫm*,	-	(Y8)	-

[123] Dudoso. Se ha interpretado también como estucho fálico o como nudo mágico.

Nº	Signo	Imagen	Ideograma	Fonograma	Determinativo	Alternancias	Confusiones
			tro sejem', *ḫrp* 'cetro jerep'	*ḫrp*		(en *sḫm*) y (D44) (en *ḫrp*)	
S43		Bastón	*mdw* 'bastón'	*mdw* > *md*	-	-	-
S44		S43 y S45	*3ms* 'cetro ames'	-	-	-	-
S45		Látigo	*nḫ3ḫ3* 'látigo'	-	látigo	-	-

T. Armas, caza y carnicería

Nº	Signo	Imagen	Ideograma	Fonograma	Determinativo	Alternancias	Confusiones
T1		Maza de cabeza discoidea	*mnw* 'maza'	*mnw* > *mn*	-	-	-
T2		Maza de cabeza piriforme, inclinada	-	-	abatir	-	-
T3		Maza de cabeza piriforme, vertical	*ḥḏ* 'maza'	*ḥḏ*	-	-	-
T4		Variante del anterior					
T5		Idem (T3 e I10)	-	*ḥḏ*	-	-	-

Nº	Signo	Imagen	Ideograma	Fonograma	Determinativo	Alternancias	Confusiones
T6		T3 y dos I10.	-	*ḥḏḏ*	-	-	-
T7		Hacha	*mḏḥ* 'labrar madera'	-	hachas	-	-
T7A		Variante del anterior					
T8		Puñal	-	*tp*	-	-	-
T8A		Variante del anterior					
T9		Arco	*pḏ.t* 'arco'	*pḏ*	-	-	-
T10		Variante del anterior					
T10A		Idem (cf. Aa32)	*sti* en *tꜣ-sti* 'Nubia'	*sti*, *sšr*	disparar	-	Por hierático: (D20) y (U31)
T11		Flecha	*šsr* 'asaetear'	*šsr* > *sšr*, *zwn* > *swn*, *zin* > *sin*	flecha, disparar	-	-
T12		Cuerda de arco	*rwḏ* 'cuerda de arco'	*rwḏ* > *rwd* > *rd*, *ꜣr* > *ꜣi*	retener	-	-
T13		Dos trozos de madera ensamblados	-	*rs*	-	-	-
T14		Bastón arrojadizo	*ꜥmꜥꜣ.t* 'bastón arrojadizo', *qmꜣ* 'arrojar'	*ṯn*, *qmꜣ* (seguido por	alzar (seguido por	-	-

Nº	*Signo*	*Imagen*	*Ideograma*	*Fonograma*	*Determinativo*	*Alternancias*	*Confusiones*
				 G41)	G41)		
		Maza de pueblo extranjero	*ṯḥn.w* 'libios', *ꜥꜣm* 'asiáticos'	*ṯḥn*	pueblos extranjeros	-	-
T15		Variante del anterior					
T16		Cimitarra	*ḫpš* 'cimitarra'	-	cimitarras	-	-
T17		Carro	*wrr.yt* 'carro'	-	carros	-	-
T18		Bastón con cuchillo atado	*šms* 'seguir'	-	-	-	-
T19		Arpón de hueso	*qs* 'hueso', *gn* 'grabar'	*qs*, *qrs*, *gn*	hueso, marfil, objetos tubulares	-	-
T20		Variante del anterior					
T21		Arpón de una punta	*wꜥ* 'uno'	*wꜥ*	-	-	-
T22		Flecha con dos aletas	*sn.w* 'dos'	*sn*	-	-	-
T23		Variante del anterior					
T24		Nasa	*ꜥḥ* > *iḥ* 'red'	*ꜥḥ* > *iḥ*	-	-	-
T25		Flotador	*ḏbꜣ* 'flotador'	*ḏbꜣ*	-	-	-
T26		Trampa para pájaros	*sḫt* 'atrapar'	*sḫt*	-	-	-
T27		Variante del anterior					

Nº	Signo	Imagen	Ideograma	Fonograma	Determinativo	Alternancias	Confusiones
T28		Tajo de carnicero	-	*ẖr*	-	-	-
T29		T28 bajo T30	*nm.t* 'matadero'	-	-	-	-
T30		Cuchillo	*dm.t*, *ds* 'cuchillo'	*dm*	cortar, cuchillos	-	-
T31		Piedra de afilar	*sšm* 'carnicero'	*sšm*	-	-	-
T32		T31 sobre D54	*sšm* 'guiar'	-	-	-	-
T33		Variante de (T31)					
T34		Cuchillo de carnicero	*nm* 'cuchillo'	*nm*	-	-	-
T35		Variante del anterior					

U. Instrumentos agrícolas y diversos utensilios

Nº	Signo	Imagen	Ideograma	Fonograma	Determinativo	Alternancias	Confusiones
U1		Hoz	*mꜣ* 'popa en forma de hoz'	*mꜣ*	recolectar	-	-
U2		Variante de U1					
U3		U1 y D4	-	*mꜣ*	-	-	-
U4		U1 y Aa11	-	*mꜣꜥ*	-	-	-

Nº	*Signo*	*Imagen*	*Ideograma*	*Fonograma*	*Determinativo*	*Alternancias*	*Confusiones*
U5		Variante del anterior					
U6		Azada	-	*mr*	arar	(U8)	-
U7		Variante del anterior					
U8		Azada sin atadura	*ḥnn* 'azada'	*ḥn*	-	(U6)	-
U9		Medida de grano con grano saliendo	*ḥqꜣ.t* 'medida de grano jeqat'	-	jeqat, cereales, medir	-	-
U10		U9 bajo N33A	*ỉt* 'cebada'	-	cereales	(U9)	-
U11		U9 y S38	*ḥqꜣ.t* 'jeqat'	-	-	-	-
U12		Variante del anterior (U9 y D50)					
U12a		Horca	-	*sḏb*	-	-	-
U13		Arado	*hb* 'arado', *hbi* 'hollar', *pr.t* 'simiente', *šnʿ* 'granero'	*hb*	labrar, arar, simiente, granero	-	(U14)

Nº	*Signo*	*Imagen*	*Ideograma*	*Fonograma*	*Determinativo*	*Alternancias*	*Confusiones*
U14		Horquilla y vara de madera ensambladas	-	*šnˁ*	-	-	(U13)
U15		Trineo	*tm.t* 'trineo'	*tm*	-	-	-
U16		Trineo con cabeza de chacal y carga	-	*biꜣ*	trineo	-	-
U17		Pico cavando en un estanque	*grg* 'fundar'	*grg*	-	-	-
U18		Variante del anterior					
U19		Azuela	*nw.t* 'azuela'	*nw*	-	-	-
U20		Variante del anterior					
U21		Azuela desbastando un trozo de madera	*stp* 'desbastar'	*stp*	-	-	-
U22		Cincel corto	*mnḫ* 'cincel, cincelar'	*mnḫ*	-	-	-
U23		Cincel largo	-	*ꜣb*, *mr*	-	-	-

Nº	*Signo*	*Imagen*	*Ideograma*	*Fonograma*	*Determinativo*	*Alternancias*	*Confusiones*
U24		Trépano para piedra	*ḥmỉ* 'trepanar'	*ḥm*	-	-	-
U25		Variante del anterior					
U26		Trépano para cuentas	*wbꜣ* 'perforar'	*wbꜣ*	-	-	-
U27		Variante del anterior					
U28		Chisquero	*ḏꜣ* 'chisquero', *wḏꜣ* 'estar intacto' (abreviatura)	*ḏꜣ*	-	-	-
U29		Variante del anterior					
U30		Horno de alfarero	*tꜣ* 'horno'	*tꜣ*	-	-	-
U31		Utensilio de panadero[124]	*ẖnr* 'retener', *rtḥ.y* 'panadero'	-	retener	-	Por hierático: (D19), (D20) y  (Aa32)

[124] Dudoso.

Nº	*Signo*	*Imagen*	*Ideograma*	*Fonograma*	*Determinativo*	*Alternancias*	*Confusiones*
U32		mano de mortero y mortero	-	*smn*, *mn*	triturar, sales, ser pesado	-	-
U33		Mano de mortero	*ti.t* 'mano de mortero'	*ti*	ser pesado	-	-
U34		Huso	*ḫsf* 'hilar'	*ḫsf*	-	-	-
U35		Variante del anterior					
U36		Mazo de batanero	*ḥmw.w* 'batanero'	*ḥm*	-	-	-
U37		Hoja de afeitar	*ẖꜥq.w* 'barbero' (abreviatura)	-	afeitar, barbero	-	-
U38		Balanza	*mḫꜣ.t* 'balanza'	-	balanza, pesar	-	-
U39		Soporte de balanza	*wṯz* 'soporte'	*wṯz*, *ṯz*	-	-	-
U40		Variante del anterior.					Por hierático: (T13)
U41		Pesa de balanza	-	-	pesa		

V. Cuerdas y cestería

Nº	*Signo*	*Imagen*	*Ideograma*	*Fonograma*	*Determinativo*	*Alternancias*	*Confusiones*
V1		Ovillo de cuerda	*š*(*n*).*t* 'cien' (abreviatura)	*šn*	cuerdas, acciones de cuerdas	-	-
V2		Cuerda enrollada en una vara	*sṯꜣ* 'tirar'	*sṯꜣ*	apresurarse	-	-
V3		Tres cuerdas enrolladas en una vara	*sṯꜣ.w* en *r-sṯꜣ.w* 'necrópolis menfita'	-	-	-	-
V4		Lazo de cuerda	-	*wꜣ*	-	-	-
V5		Cuerdas en bucles	*snṯ* 'plano', *snṯi* 'fundar'	-	plano, fundación	-	-
V6		Cuerda con los cabos hacia arriba.	*šs* 'cuerda'	*šs*	vestidos	-	Por hierático: (V33)
V7		Cuerda con los cabos hacia abajo	-	*šn*	-	-	-
V8		Variante del anterior					
V9		Cartucho redondo	-	-	rodear	-	-

Nº	Signo	Imagen	Ideograma	Fonograma	Determinativo	Alternancias	Confusiones
V10		Cartucho ovalado	*rn* 'nombre'	-	rodear, nombre real, nombre	-	-
V11		Semicartucho ovalado	-	-	detener, compartir	-	-
V12		Banda	*ʿrq* 'cuerda'	-	atar	-	-
V13		Ligadura para animales	-	*ṯ*	-	-	-
V14		Variante del anterior[125]					
V15		V13 sobre D54	*iṯi* 'coger, llevarse'	-	-	-	-
V16		Ligadura con nudos	*zꜣ* 'ligadura'	*zꜣ*	-	-	-
V17		Refugio de pastor	*zꜣ* 'protección'	*zꜣ*	-	-	-
V18		Variante del anterior					
V19		Ligadura para animales (cuerda y vara)	*mḏ.t* 'establo'	-	trenzar, capilla	-	-

[125] El trazo sobre la parte curva del signo es una marca diacrítica que permite distinguir el sonido *ṯ*, una vez que, en determinadas posiciones fonotácticas, el signo pasó a leerse *t*.

Nº	Signo	Imagen	Ideograma	Fonograma	Determinativo	Alternancias	Confusiones
V20		V19 sin la vara	-	*mḏ* '10'	-	-	-
V21		V20 e I10	*mḏ.t* 'establo'	*mḏ*	-	-	-
V22		Látigo	-	*mḥ*	-	-	-
V23		Variante del anterior					
V24		Cuerda enrollada sobre un bastón	-	*wḏ*	-	-	-
V25		Variante del anterior					
V26		Lanzadera	*ꜥḏ* 'lanzadera'	*ꜥḏ* > *ꜥd*, *ꜥnḏ* > *ꜥnd*	-	-	-
V27		Variante del anterior					
V28		Mecha de cuerda	*ḥꜥ.t* 'mecha'	*ḥ*	alumbrar artificialmente	-	-
V29		Escoba de lino	*ski* 'escoba, barrer'	*sk*	separar	-	 (M1)
V30		Cesto	*nb.t* 'cesto'	*nb*	-	-	-

Nº	*Signo*	*Imagen*	*Ideograma*	*Fonograma*	*Determinativo*	*Alternancias*	*Confusiones*
V31		Cesto con asa	-	*k*	-	-	-
V32		Flotador atado a la cuerda del arpón	*msn.w* 'arponero'	*g3w*	haz, gavilla	-	-
V33		Saco de lino	-	*sšr*, *g*	atar, contener, perfume	-	Por hierático: (V6)
V34		Variante del anterior					
V35		Idem					
V36		Estuche	*ḥn* 'receptáculo', *ḥn.ty* 'extremidad'	*ḥn*	-	-	-
V37		Bol atado y sellado	-	*idr*	coser, encerrar	-	(N41)
V38		Incisión en el costado de la momia	-	-	venda	(Aa2)	-
V39		Amuleto en forma de nudo	*ti.t* 'amuleto tit'	-	-	-	-

W. Cerámica

Nº	*Signo*	*Imagen*	*Ideograma*	*Fonograma*	*Determinativo*	*Alternancias*	*Confusiones*
W1		Vasija de aceite sellada	*mrḥ.t* 'aceite'	-	aceites, ungüentos	-	-
W2		Vasija de aceite sin sellar	*bꜣs* 'vasija'	*bꜣs*	-	-	-
W3		Barreño de alabastro para libaciones	*ḥb.t* en *ḥr.y-ḥb.t* 'sacerdote lector'	-	alabastro, fiesta	-	-
W4		W3 bajo O22	-	-	-	(O22)	-
W5		W3 bajo T28	*ḥr.y-ḥb.t* 'sacerdote lector'	-	-	-	-
W6		Jarro	-	-	palangana, caldero	(Aa2)	-
W7		Jarro de granito	-	*mꜣṯ, ꜣb*	granito	-	-
W8		Variante del anterior	-	*ꜣb, gꜣw*	-	-	(V32)
W9		Jarra de piedra con asa	*ẖnm* en *n.y-ẖnm* 'un aceite canónico'	*ẖnm*	-	-	-
W10		Cuenco	*wsḫ* 'ancho', *ḥn.t* 'jarro', *ḥn.wt* 'señorita'	*ḥn, ꜥb*	copa, bol, anchura	-	(N41)

Nº	Signo	Imagen	Ideograma	Fonograma	Determinativo	Alternancias	Confusiones
W10A		Cuenco con pico	-	*b3*	cuenco[126]	-	-
W11		Soporte de jarro	*ns.t* 'trono'	*g*	-	-	-
		Jarro de terracota roja	*dšr.t* 'cuenco rojo'	-	cuenco rojo	-	(O45) y (W13)
W12		Variante del anterior					
W13		Idem (jarro rojo)					
W14		Jarro de aguamanil	*ḥz.t* 'jarro de aguamanil'	*ḥz*	jarro de aguamanil, jarro	-	-
W15		Jarro de aguamanil emitiendo agua	*qbb* 'estar fresco', *qbḥ* 'refrescar'	-	estar fresco, refrescar	-	-
W16		W15 sobre W12	*qbḥ.yt* 'jarro de libación'	-	estar fresco, refrescar	-	-
W17		Tres jarras en un bastidor	*ḫnt* 'bastidor de jarras'	*ḫnt*	-	-	-
W18		Variante del anterior					
W19		Jarra de leche en una red	*mr* 'jarra de leche'	*mr* > *mi*	jarra de leche	-	-
W20		Jarra de leche tapada	*irṯ.t* 'leche'	-	leche	-	-

[126] En los Textos de los Sarcófagos (*CT* III 393 i), determina la palabra *b3.t* 'cuenco'.

Nº	*Signo*	*Imagen*	*Ideograma*	*Fono-grama*	*Determinativo*	*Alternan-cias*	*Confusio-nes*
		por una hoja					
W21		Dos jarras de vino	-	-	vino	-	-
W22		Jarra de cerveza	*ḥ*(*n*)*q.t* 'cerveza', *wdp.w* 'copero', *wbꜣ* 'sirviente'	-	cerveza, jarro, medida de capacidad, acciones de líquidos, ofrendas de líquidos	-	-
W23		Variante del anterior (jarra con asas)					
W24		Cuenco	*nw* 'jarro'	*nw* > *n*, *nḏ*, *ḏꜣḏꜣ*, *nḫb*	construir, dar forma	(W22) y (W23)	-
W24a		Tres cuencos	-	*nw*	-	-	-
W25		W24 sobre D54	*ini* 'traer, ir a buscar'	*in*	-	-	-

X. Panes y pasteles

Nº	*Signo*	*Imagen*	*Ideograma*	*Fonograma*	*Determinativo*	*Alternancias*	*Confusiones*
X1		Pan	*t* 'pan', (*i*)*t* 'padre' (abreviatura)	*t*	-	-	-
X2		Pan	*t* 'pan', (*i*)*t* 'padre' (abreviatu-	-	panes	-	-

Nº	Signo	Imagen	Ideograma	Fonograma	Determinativo	Alternancias	Confusiones
			ra, sustituyendo a X1)				
X3		Variante de X2					
X4		Pan alargado. Confusión con N37 y X5	-	*zni* > *sni* > *sn*, *fqꜣ*	alimentos	-	-
X4a		Variante de X4					(N18)
X5		Variante de X4					
X6		Pan redondo con huellas digitales del panadero	-	*pꜣ*(*w*)	pan	-	-
X7		Medio pan	-	-	pan, acciones de alimentos	-	-
X7a		Dos medios panes	*wnm* 'comer'	*wnm*	comer, comida	-	-
X8		Pan cónico. Alterna con D37	*rdi* / *di* 'dar'	*ḏi* > *di*	-	-	-

Y. Escritura, juegos y música

Nº	Signo	Imagen	Ideograma	Fonograma	Determinativo	Alternancias	Confusiones
Y1		Rollo de papiro atado y sellado	*mḏꜣ.t* 'rollo, libro', *dmḏ* 'total' (abre-	*mḏꜣt*	escritura, ideas abstractas	-	-

Nº	*Signo*	*Imagen*	*Ideograma*	*Fono-grama*	*Determinativo*	*Alternan-cias*	*Confusio-nes*
			viatura)				
Y2		Variante del anterior					
Y3		Equipo de escriba	*zš* 'escribir'	-	pulir, tinta roja	-	-
Y4		Variante del anterior					
Y5		Damero con fichas	-	*mn*	-	-	-
Y6		Ficha de juego	*ibꜣ* 'ficha de juego'	*ibꜣ*	-	-	-
Y7		Arpa	-	-	arpa	-	-
Y8		Sistro	*sḫm* 'sistro'	*sḫm*	sistros	(S42)	-

Z. Trazos y figuras geométricos, signos derivados del hierático

Nº	Signo	Imagen	Ideograma	Fono-grama	Determinati-vo	Alternan-cias	Confusio-nes
Z1		Trazo vertical	*wꜥ* 'uno', trazo de ideograma	-	-	-	-
Z2		Tres trazos verticales	*ḫmt* 'tres'	*ḫmt*	plural	-	-
Z3		Variante del anterior	-	-	-	-	-

Nº	Signo	Imagen	Ideograma	Fonograma	Determinativo	Alternancias	Confusiones
Z4		Dos trazos oblicuos	-	*y*	dual	(M17a)	-
Z5		Trazo oblicuo. Sustituye a los signos difíciles de escribir	-	-	-	-	-
Z6		Sustituto hierático de (A13) y (A14)	-	-	muerte, enemigo	-	-
Z7		Sustituto hierático de (G43)	-	*w*	-	-	-
Z8		Óvalo	-	-	rodear	-	-
Z9		Dos varas cruzadas	*ḥsb* '1/4'	*ḥsb*	cortar, separar, cruzar, cambiar, contar (números)	-	-
Z10		Variante del anterior					
Z11		Dos tablas ensambladas en cruz	-	*im*, *wn*	-	-	(M42)

Aa. Sin clasificar

Nº	*Signo*	*Imagen*	*Ideograma*	*Fonograma*	*Determinativo*	*Alternancias*	*Confusiones*
Aa1		Cedazo o tapa	-	*ḫ*	-	-	-
Aa2		Incisión (?)	-	*g3w*	embalsamar	(V38), (F52), (M41), (W6), (W7) y  (V32)	-
Aa3		Incisión (?) emitiendo líquido	-	-	secreciones, líquidos	(Aa2)	-
Aa4		Cf. (W10a)	-	-	-	-	-
Aa5		Sistema de gobierno de una embarcación (?)	*ḥp.t* en *iṯi-ḥp.t* 'embarcarse'	*ḥp*	-	-	-
Aa6		?	-	-	estera	-	-
Aa7		?	-	-	golpear	-	-

Nº	*Signo*	*Imagen*	*Ideograma*	*Fonograma*	*Determinativo*	*Alternancias*	*Confusiones*
Aa8		Canales de riego (?)	*ḏ3t.t* 'finca'	*ḏ3*(*ḏ3*), *qn*	-	-	Por hierático: (N24), (V26) y (O34)
Aa9		?	-	-	riqueza	-	-
Aa10		?	-	-	escritura	-	-
Aa11		Estrado (?)	-	*m3ʿ*	plataforma, estrado	-	-
Aa12		Variante del anterior					
Aa13		Costilla de gacela (?)	*im* 'parte del cuerpo', *gs* 'lado'	*im* > *m*, *gs*	parte del cuerpo	-	-
Aa14		Variante del anterior					
Aa15		Idem	-	*m*	-	-	-
Aa16		Idem	*gs* 'lado'	*gs*	-	-	-
Aa17		Tapa (?)	*s3* 'espalda'	*s3*	-	-	-

Nº	Signo	Imagen	Ideograma	Fonograma	Determinativo	Alternancias	Confusiones
Aa18		Variante del anterior					
Aa19		?	-	ḫr	-	-	No confundir con (V19)
Aa20		?	-	ʿpr	-	-	-
Aa21		Picadora (?)	*wḏʿ* 'cortar, juzgar', 'Seth'	-	-	-	-
Aa22		Aa21 y D36	*wḏʿ* 'cortar, juzgar'	-	-	-	-
Aa23		?	-	*mḏd*	-	-	-
Aa24		Variante del anterior					
Aa25		?	*smꜣ.ty*[127] 'sacerdote de sacrificios'	-	-	-	-
Aa26		?	-	*sbỉ*	-	-	-
Aa27		? Suele ir con (W24)	-	*nḏ*	-	-	-

[127] Lectura dudosa.

Nº	*Signo*	*Imagen*	*Ideograma*	*Fonograma*	*Determinativo*	*Alternancias*	*Confusiones*
Aa28		Instrumento de albañil o yesero (?). Suele ir acompañado por (W24)	*qd* 'construir'	*qd*	-	-	-
Aa29		Variante del anterior					
Aa30		Motivo decorativo del friso de un muro	*ẖkr* 'decorar, ornamento'	-	decorar, ornamento	-	-
Aa31		Variante del anterior					
Aa32		Cf. T10A					

Anexo II. Vocabulario básico[128]

ꜣ

ꜣwi ‘ser largo’

ꜣb ‘parar(se), cesar’

ꜣbi ‘desear, querer’

ꜣbd ‘mes’

ꜣpd ‘pájaro, ave’

ꜣmm ‘empuñar, agarrar’

ꜣr ‘expulsar, suprimir, oprimir’

ꜣḥ.t ‘campo’

ꜣḫ ‘ser un *ꜣḫ*’, ‘brillar’, ‘ser útil’

ꜣḫ ‘espíritu’[129]

ꜣḫ.t ‘horizonte’

ꜣḫ.t ‘primera estación anual (la de la inundación)’

ꜣsḫ ‘segar’

ꜣtf.w ‘corona atef’

ꜣṯp ‘cargar’

ꜣd ‘estar furioso’

ỉ

ỉꜣ.t ‘estandarte’

ỉꜣ.t ‘montículo’

ỉꜣwi ‘ser viejo’

ỉꜣw.t ‘empleo, cargo, función’

ỉꜣb.y ‘izquierdo, oriental’

ỉꜣb.t ‘este, oriente, izquierda’

ỉꜣr.w ‘juncos’[130]

ỉi / *ỉw* ‘venir’

ỉꜥi ‘lavar’

ỉꜥ.w-r ‘desayuno’

ỉꜥb ‘juntar(se), llenar’

ỉw ‘isla, banco de arena’

ỉwꜥ ‘heredar’

ỉ(w)f ‘carne (del cuerpo)’

ỉwn ‘color, carácter’

ỉwn ‘pilar’

ỉwr ‘concebir, estar embarazada’

ỉb ‘corazón’[131]

ỉb ‘querer, pensar, sentir’

ỉbḥ ‘diente’

ỉp ‘contar (números), examinar, considerar’

ỉm.y-wr.t ‘estribor, occidental, derecha’

132 / 133 *ỉm.y-r* ‘encargado’

ỉm.y-r-pr ‘mayordomo’

ỉm.y-r-ḥm.w-nṯr ‘sumosacerdote’

---

[128] Extractado de Hannig, R.H.G. & P. Vomberg. 1999. *Wortschatz der Pharaonen in Sachgruppen*. Mainz, 66-173.

[129] Se dice del muerto (o de una parte psíquica suya) una vez que ha superado la muerte, en el más allá.

[130] *sḫ.t ỉꜣr.w* ‘el campo de los juncos’ es el lugar al que van los *ꜣḫ* tras haber superado la muerte.

[131] Cf. *ḥꜣ.ty*.

[132] Grafía defectiva por el uso.

[133] Un juego icónico: *ỉm.y-r* significa, literalmente, ‘el que está en la boca / entrada’. Ahora bien, como lo que está en la boca es la lengua, se puede utilizar el signo de la lengua para escribir la palabra ‘encargado’.

im3 'ser agradable'
im3ḫ 'ser venerable'
imn 'ocultar(se)'
imn.t 'oeste, occidente, derecha'
ini 'traer, ir a buscar'
ini.w 'tributos'
in.t 'valle'
inb 'muro'
inm 'piel, cuero, color'
inr 'piedra'
ir.y-ꜥ3 'portero, guardián'
[134] *ir.y-pꜥ.t* 'noble, príncipe'
ir.t 'ojo'
iri 'hacer, actuar'
irw 'forma, apariencia'
irp 'vino'
irṯ.t 'leche'
iz 'tumba'
izf.t 'mentira'
iqr 'ser excelente'
it 'cebada'
/ / / *it*[135] 'padre'
/ *it.y* 'monarca'
itn 'disco solar'
itr.w 'río, el Nilo'
iṯi 'llevarse, tomar, coger'
id.t 'perfume'
idb 'orilla' (cf. *wḏb*)

[134] Grafía defectiva por el uso.
[135] El signo de la *f* no se pronuncia. Según Gérard Roquet, se trata del pronombre sufijo utilizado como ideograma.

ꜥ

ꜥ 'brazo, mano, poder, parte, porción, distrito'
/ *ꜥ* 'documento, registro'
ꜥ.t 'habitación, estancia'
ꜥ.t 'miembro (del cuerpo)'
ꜥ3 'grande'
ꜥ3 'puerta de dos hojas'
ꜥ3 'asno'
ꜥ3w 'intérprete, traductor'
ꜥ3b 'ser deseable, ser agradable, ser egoísta'
ꜥ3m 'asiático (de la zona de Canaán y Siria)'
ꜥw3i 'robar'
ꜥb 'cuerno'[136]
ꜥb3 'estela, altar'
ꜥpr 'equiparse, proveerse'
ꜥm 'tragar, comprender'
ꜥn.t 'uña, garra'
ꜥnḫ 'vivir'
ꜥntyw 'mirra'
ꜥr 'subir, ascender'
i.ꜥr.t 'uraeus'
ꜥr.t 'junquillo, cálamo'
ꜥrr.wt 'atrio con vía procesional'
ꜥrq 'enrollar, terminar'
ꜥḥ.t 'campo cultivado'
ꜥh 'palacio'
ꜥḥ3 'luchar'
ꜥḥꜥ 'estar de pie, levantarse'

[136] Cf. *db*.

ꜥẖm ‘imagen divina’
ꜥš ‘llamar, leer’
ꜥš ‘cedro’
ꜥšꜣ ‘mucho(s), ser abundante’
ꜥq ‘entrar’
ꜥqꜣ ‘ser exacto’

w

wꜣi ‘estar lejos, alejarse’
wꜣ.t ‘camino’
wꜣḥ ‘plantar, depositar’
wꜣḫi ‘reverdecer, inundarse’
wꜣḏ ‘verdear, ser verde, ser fresco’
wꜣḏ-wr ‘mar’
wiꜣ ‘barca solar’
wꜥi ‘estar solo, ser el único’
wꜥb ‘purificarse, ser puro’
wꜥr.t ‘pierna’
wꜥr.t ‘altozano, meseta’
wbꜣ ‘penetrar, perforar’
wbn ‘despuntar’
wpi ‘abrir (separando dos partes)’
wp.t-rnp.t ‘día de año nuevo’
wmt ‘ser grueso, ser espeso’
wnn ‘ser, existir, estar’
wn ‘abrir (una puerta)’
wn.wt ‘hora’
/ / *wnm* ‘comer’
wnḫ ‘vestirse, estar vestido’
wr ‘grande’
wrr.t ‘la corona grande (blanca)’
wrš ‘pasar el día, velar’
wrḏ ‘estar débil, cansado’
wḥꜣ ‘extraer’
/ *wḥꜣ.t* ‘oasis’
wḥꜥ ‘soltar, estar listo, entender’
wḥm ‘repetir’
wḥm-ms.wt ‘renacimiento (era)’
wḫꜣ ‘oscuridad, tarde’
wḫꜣ ‘vaciar, agitar’
wḫꜣ ‘buscar, elegir, exigir, pretender, proponerse’
wsr ‘ser potente, poderoso’
wsḫ ‘ensancharse, ser ancho’
wšb ‘responder’
wšr ‘secar(se), ser seco, faltar, hacer falta’
wšd ‘interpelar, preguntar, saludar’
wt ‘envolver, reunir, embalsamar’
/ *wtṯ* ‘engendrar’
wṯz ‘levantar, sostener’
wdi ‘colocar, poner, emplazar’
wdn ‘pesar, ser pesado’
wdḥ.w ‘mesa de ofrendas’
wḏ ‘mandar, ordenar’
wḏꜣ ‘estar sano, a salvo’
wḏꜣ.t ‘ojo sano de Horus’
wḏꜣ ‘dirigirse’
wḏꜥ ‘hender, escindir, separar,

juzgar, determinar, diferenciar’

wḏꜥ-mdw ‘dictaminar’

wḏb ‘volver, dar la vuelta’

wḏb ‘orilla, campo de la orilla’ (cf. *ỉdb*)

b

/ *bꜣ* ‘alma’[137]

/ *bꜣ.w* ‘gloria, poder destructivo de un dios o del rey’

bꜣk ‘trabajar’

bỉ.t ‘abeja’

bỉ.ty ‘rey del Bajo Egipto’

bỉꜣ ‘bronce, metal’

bỉꜣ ‘firmamento’

bỉꜣi (< *bỉꜣw*) ‘maravillarse, ser maravilloso’

bỉn ‘malo, malvado’

bỉk ‘halcón’

/ *bꜥḥ.w* ‘inundación, crecida’

bw ‘lugar, sitio’

bw.t ‘abominación, tabú’

bn.w ‘fénix’

bz ‘introducir, iniciar’

bkꜣ ‘mañana’

bṯ ‘abandonar’

bd ‘natrón’

/ *bd.t* > *bty* ‘trigo almidonero, escanda almidonera’

[137] Se dice del muerto (o de una parte psíquica suya) que sale al mundo de los vivos y que vuelve al cadáver, en forma de pájaro.

p

p.t ‘cielo’

pꜣ(w).t ‘pan / pastel de ofrenda’

pꜣ(w).t ‘origen, antaño’

pꜥ.t ‘patriciado’

pwn.t ‘Punt’

pr ‘casa’

pr-ꜥꜣ ‘palacio real, faraón’

pr-ꜥnḫ ‘academia, *scriptorium*’

pr-wr ‘santuario del Alto Egipto’

pr-nw ‘santuario del Bajo Egipto’

/ *pr-nsw* ‘palacio real, administración central’

pr-nsr ‘santuario del Bajo Egipto’

/ *pr-ḥḏ* ‘tesoro público’

pr-ḏ.t (< *pr-n-ḏ.t*) ‘propiedad funeraria’

pri ‘salir, subir’

pr.t-ḫrw ‘ofrenda funeraria invocada’

pr.(y)t ‘segunda estación anual (la de la siembra)’

pr.t ‘fruto, simiente, descendencia’

pḥ ‘atrapar, alcanzar’

/ *pḥ.ty* ‘fuerza’

pẖr ‘circular, servir a’

pẖr.t ‘remedio médico, medicamento’

pzḥ ‘morder, picar’
psš ‘trocear, fragmentar’
psḏ ‘espalda’
psḏ ‘lucir, brillar’
psḏ.t ‘enéada’
psḏ.t-pḏ.t ‘los Nueve Arcos, los enemigos’
pšn ‘fraccionar(se), dividir(se)’
ptr ‘mirar’
pd (< *pḏ*) ‘estirar, estar tirante’
pḏ.t ‘arco’
pḏ.t ‘bárbaros’

f

fꜣi ‘llevar, transportar’
fnḏ ‘nariz’
fḫ ‘soltar, aflojar, echar, dejar’
[138] *fsi* ‘cocer, cocinar’
fqꜣ ‘arrancar, coger, extirpar’
fdi ‘arrancar, quitar las malas hierbas’
fd.t ‘sudor’
fdq ‘descuartizar, herir, arrasar, desgastar’

m

/ *m33* ‘ver’
mꜣi ‘león, esfinge’
mꜣʿ ‘ser verdadero, justo, legítimo, ofrecer, presentar’
mꜣʿ ‘orientar(se), dirigir(se)’
mꜣʿ-ḫrw[139] ‘justificado, justo, difunto’
/ *mꜣʿ.t* ‘Maat, Justicia, Orden’
mꜣwi ‘ser nuevo, renovarse’
mꜣr ‘miseria, desgracia’
mꜣṯ (< *mꜣwṯ*) ‘granito’
mi.tt ‘semejanza’
mʿnḏ.t ‘barca diurna’
mʿḥʿ.t ‘tumba’
m.w ‘agua, líquido’
/ *mw.t* ‘madre’
/ *m(w)t* ‘morir(se), estar muerto’
/ *mn* ‘permanecer, ser estable’
/ *mn* ‘fulano’
/ *mn.t* ‘ejemplo’
mn ‘doler, afligir, sufrir, estar enfermo’
mn.w ‘monumento’
m(i)ni ‘amarrar, atracar, morir’
mnʿ.t ‘nodriza’
mnmn.t ‘ganado’
mnḥ ‘cera’
mnḫ ‘excelente, magnífico’

[138] Con escritura fonotáctica del alófono *p* (se considera aquí que el fonema es *f*).

[139] Se dice del muerto una vez ha superado el juicio en el más allá.

mnḫ.t 'ropa, vestido'
mnš 'cartucho'
mnḏ 'seno'
mr 'pirámide'
mr 'doler, afligir, sufrir, estar enfermo'
mr 'canal'
mr.w 'esclavos, siervos, plebe, campesinos'
mr 'atar, unir, fijar'
mr.yt 'atracadero natural, muelle'
mri͗ 'amar'
mrḥ.t 'aceite, grasa, ungüento'
mḥ 'llenar(se), completar(se), bastar'
mḥ 'codo'
mḥ.y (< *mꜥḥ.w* < *mḥꜥ.w*) 'lino'
mḥi͗ 'anegar, ahogar(se), botar (un barco)'
mḥ.w 'Delta, Bajo Egipto'
mḥ.yt 'viento del norte'
mḥ.ty 'norte, septentrional'
mḫꜣ.t 'balanza'
mz (< *mzꜣ*) 'llevar'
mzḥ (> *msḥ*) 'cocodrilo'
msi͗ 'nacer, parir'
ms.yt 'cena'
msḫn.t 'paradero, lugar de nacimiento'
msk.tt 'barca nocturna'
msdm.t (< *msḏm.t*) 'pintura de ojos negra, galena'
msḏi͗ (> *msdi͗*) 'odiar'
msḏr 'oreja'
mšꜥ.w 'ejército'
mšr.w 'crepúsculo'
mki͗ 'proteger'
mtwt 'esperma, semilla, veneno'
mtr 'testificar, testimoniar, atestiguar, presenciar'
mt.y (< *mtr.w*) 'exacto, preciso'
mṯn 'calzada, calle, camino'
mdw 'bastón, vara'
mdwi͗ 'hablar'
mdw.w-nṯr 'palabra divina, escritura jeroglífica'
mḏ.t 'profundidad'
mḏꜣ.w 'los medyau[140], policía'
mḏꜣ.t 'libro, rollo de papiro escrito'
mḏḥ.w 'carpintero, ebanista'
mḏd 'prensar'

n

n.t 'corona roja'
niw.t 'ciudad'
nis 'llamar, recitar'
nꜥi͗ 'viajar en barco'
nw.w 'cazador'
nw (< *nwꜣ*) 'observar, vigi-

[140] Tribu del desierto.

lar’

nw ‘tiempo, fecha, momento’

nw.y ‘agua, agua potable, inundación’

nw.w ‘Nun’[141]

nwḥ ‘cuerda’

/ *nb* ‘amo, dueño’

/ *nb.t* ‘ama, dueña’

nb.t-pr ‘señora de la casa’

nbỉ ‘nadar’

nb.w ‘oro’

nbd (< *nbḏ*) ‘el Maligno’[142]

/ *nfr* ‘ser bello, ser bueno, ser perfecto’

nm.t ‘bloque de sacrificio’

nm.t ‘matadero’

nmỉ ‘ir en zig-zag, recorrer’

nmḥ ‘ser pobre’

nms ‘nemes, cinta de lino’

nnỉ ‘estar débil, estar inerte’

nrỉ ‘asustar(se), respetar’

nh.t ‘sicomoro’

nhp.w ‘madrugada’

nhsỉ (< *nhsỉ*) ‘despertar(se)’

nḥỉ ‘suplicar, pedir’

nḥb ‘enjaezar, prestar, otorgar, disponer, organizar’

nḥm ‘quitar, arrebatar, llevarse, salvar, liberar, rescatar’

/ *nḥḥ* ‘eternidad cíclica’[143]

nḥs.y ‘nubio’

nḫb.t ‘titulatura’

nḫn.w ‘niño, chico’

nḫt ‘ser fuerte, ser victorioso’

ns ‘lengua’

ns.t ‘trono’

/ *nsw* (< *n.y-sw.t*) ‘rey del Alto Egipto’

/ / *nsw-bỉ.ty* ‘rey del Alto y del Bajo Egipto’

nšm.t ‘transbordador’

nšn.y ‘rabiar, estar rabioso’

nk ‘cubrir (animales), follar’[144]

ngỉ ‘romper, quebrar’

nt.y-ḥnꜥ ‘compañero’

nṯr ‘dios’

nṯr.(y) ‘natrón’

nḏ ‘preguntar’

nḏ ḥr ‘saludar’

nḏ ‘nombrar solemnemente, conceder’

nḏm ‘ser dulce’

nḏrỉ (< *nḏrw*) ‘agarrar, asir, empuñar, coger, reunir’

nḏs ‘pequeño’

r

r ‘boca, acceso, abertura, entrada’; ‘discurso, fórmula, habla’; ‘parte’

r-pr ‘templo, santuario’

---

[141] Aguas primigenias.

[142] Apopis, Seth.

[143] Es decir, tiempo ilimitado de ciclos solares. Se opone a *ḏ.t*.

[144] El término se usa en insultos, de donde la traducción.

r-sṯꜣ.w ‘Rosetau, substructura de la tumba, acceso al inframundo’

rꜥ ‘sol, Ra’

rwi͗ ‘partir, abandonar’

rwd.w ‘escalera’

rwḏ (> *rwd*) ‘ser firme, sólido, resistente’

rm ‘pez’

rmi͗ ‘llorar’

rmni͗ ‘llevar a hombros, transportar, apoyarse’

rmṯ ‘gente, personas, egipcios’

rn ‘nombre’

rn ‘animal doméstico’

rnp.t ‘año’

rnp.t-zp / *ḥsb.t* / *rnp.t-ḥsb* ‘año oficial (del calendario)’

rnpi͗ ‘rejuvenecer, ser joven’

rḫ ‘conocer, saber’

rḫ.yt ‘gente del Delta, plebe, súbditos’

rs ‘despertar(se), velar’

rs.wt ‘sueño, visión’

rs.w ‘sur’

ršw ‘alegrarse, estar alegre’

rqi͗ ‘oponer(se)’

rk ‘tiempo, intervalo temporal’

rd ‘pie’

rd ‘crecer’

rdi͗ (< *rḏi͗*) ‘dar, poner, causar’

rḏw ‘fluido, secreción’

h

h ‘corral, establo’

hꜣi͗ ‘bajar’

hi͗ (< *hꜣi͗*) ‘marido’

hꜣ.w ‘tiempo, época’; ‘alrededores’; ‘paradero’; ‘propiedad, posesión, fundo’; ‘coste’

hꜣ.w ‘parientes, familiares’

hꜣb ‘enviar’

hbi͗ ‘penetrar, pisar, surcar’

hbn.y ‘ébano’

hp ‘norma, regla, uso, costumbre’

hn.w ‘cofre, caja’

hnn ‘inclinar / doblar la cabeza, asentir, fiarse de’

hrw ‘estar contento, estar de acuerdo, ser paciente’

hrw ‘día’

hrp ‘hundirse, oprimir’

hh ‘hálito ardiente, ardor’[145]

ḥ

ḥꜣ ‘nuca, parte trasera’

ḥꜣ.t ‘pozo tombal’

ḥꜣi͗ ‘estar desnudo, desvelar’

ḥꜣi͗ ‘quejarse’

ḥꜣ.t ‘protome, parte delantera, frente, comienzo’

145 Se suele decir del *uraeus*.

ḥ3.ty ‘corazón’[146]

ḥ3.ty-ʿ ‘nomarca, alcalde, prefecto’

ḥ3p ‘cubrir(se), ocultar(se)’

ḥ3m ‘pescar’

ḥ3q ‘apresar, capturar, conquistar, saquear’

ḥʿi̓ ‘alegrarse, regocijarse, dar gritos de alegría’

ḥʿ.w ‘miembros corporales, cuerpo vivo’

ḥʿp.(y) ‘Nilo crecido, crecida, Hapy (dios)’

ḥw ‘palabra creadora, poder de la palabra’

ḥwi̓ ‘golpear, dar una paliza’

ḥwi̓ ‘fluir, llover’

ḥw.t ‘mansión, finca’

ḥw.t-nṯr ‘templo’

ḥw.t-k3 ‘capilla tombal, capilla de ofrendas, capilla de estatuas’

/ / *ḥw.t* ‘estrofa, capítulo’

ḥw3 ‘descomponerse, pudrirse’

ḥb ‘celebrar un triunfo, estar de luto’

/ *ḥb* ‘fiesta’

ḥb.t ‘libro de ritos, libro de fiesta’

ḥb.yt ‘lista de ofrendas’

ḥb-sd ‘fiesta del jubileo real’

ḥbs ‘vestir(se), cubrir(se)’

[146] Cf. *i̓b*.

ḥpt ‘abrazar’

ḥf3.w ‘serpiente’

ḥm (< *ḥm.w*) ‘sirviente’

ḥm.t (< *ḥm.wt*) ‘sirvienta’

ḥm-nṯr ‘sacerdote’

ḥm.t-nṯr ‘sacerdotisa’

/ *ḥm-k3* ‘sacerdote funerario’

ḥm ‘Majestad’[147]

ḥm.t (< *ḥi̓m.t*) ‘mujer, esposa’

ḥm.t-nsw ‘esposa real’

ḥm.t-nṯr ‘esposa divina’

ḥmi̓ ‘retirarse’

ḥmw ‘manufacturar, formar, ser hábil, estar instruido’

/ *ḥmw.t-r* ‘etcétera’

ḥm3.(y)t ‘sal’

ḥmsi̓ (< *ḥmzi̓*) ‘sentarse, estar sentado’

ḥn ‘ordenar, organizar, disponer’

ḥnw.t ‘señora’

ḥnmm.t ‘cofradía solar’

ḥns ‘estrecho, pequeño’

ḥ(n)q.t ‘cerveza’

ḥnk ‘regalar, ofrecer’

ḥr ‘cara, visión’

ḥri̓ ‘alejarse, estar lejos’

/ *ḥr.(w)* ‘Horus’

ḥr.y ‘encargado, jefe’

ḥr.y-tp ‘jefe superior’

ḥrr.t ‘flor’

/ *ḥḥ* (< *ḥi̓ḥi̓* < *ḥwi̓ḥwi̓*) ‘buscar’

[147] Fórmula de tratamiento.

ḥzi (> *ḥsi*) ‘alabar, ensalzar’

ḥsi ‘cantar, hacer música’

ḥsb ‘contar (números), calcular’

ḥsmn ‘natrón’

ḥq3 ‘gobernar’

ḥqr ‘tener hambre’

ḥk3 ‘magia’

ḥkn ‘alabar, ovacionar’

ḥtp ‘estar satisfecho, tranquilo, reposar’

ḥtp ‘mesa de ofrendas’

ḥtp.t ‘ofrenda, ofrendas’

ḥtp.w ‘ofrenda, ofrendas’

ḥtp-di-nsw ‘ofrenda real’

ḥtm ‘proveer, completar’

ḥtm ‘exterminar’

ḥtr ‘gravar, imponer, obligar’

/ *ḥḏ* ‘ser blanco, luminoso, claro’

ḥḏ ‘plata, precio, pago’

ḥḏ-t3 ‘alba’; ‘clarear (el día)’

ḥḏ.t ‘corona blanca’

ḥḏi ‘destruir, invalidar’

ḫ

ḫ.t ‘cosa’

ḫ.t-nṯr ‘liturgia, servicio de ofrendas’

ḫ.t ‘fuego’

/ *ḫ3i* ‘medir’

ḫ3w.y ‘tarde, primera parte de la noche’

ḫ3w.t ‘altar, mesa de ofrendas’

ḫ3ʿ ‘echar, arrojar, no hacer caso de’

ḫ3r.w (> *ḫr*) ‘sirio’

ḫ3r.t ‘viuda’

ḫ3ḫ ‘apresurarse, ir deprisa’

ḫ3s.t ‘estepa, tierra extranjera’

ḫʿi ‘aparecer’

ḫʿr ‘estar furioso, montar en cólera’

ḫwi ‘proteger, dotar, proveer’

ḫbi ‘bailar’

ḫbi ‘disminuir, reducir, acortar, menguar’

ḫb3 ‘despedazar, destruir, entrecavar’

ḫbs ‘entrecavar, cultivar’

ḫbḏ (> *ḫbd*) ‘reprender, desdeñar, desaprobar, disgustar’

ḫpi ‘viajar saqueando, viajar’

ḫpp ‘extraño, extraordinario’

/ *ḫpr* ‘ocurrir, transformarse, devenir, venir al mundo, comenzar a existir’

ḫprš ‘corona azul’

ḫpš ‘pata delantera’

ḫpš ‘brazo atacante, bíceps, fuerza de golpeo’

ḫfʿ ‘asir, coger, hacer botín’

ḫf.ty ‘enemigo’

ḫmi (> *ḫm*) ‘ignorar’

ḫm ‘sanctasanctórum, capilla’

ḫmt ‘reflexionar, pensar, considerar’

ḫn ‘discurso, frase, asunto’

ḫnỉ ‘posarse, aterrizar’

ḫn.w ‘cripta, santuario’

ḫnp ‘arrebatar, apoderarse de’

ḫnm ‘oler, inhalar’

ḫnm ‘gozar, estar alegre’

ḫnms ‘amigo’

ḫnr (> *ḫnỉ*) ‘encerrar, encarcelar’

/ *ḫnr.t* ‘zona cerrada, harén’

ḫnt ‘frente, parte delantera’; ‘estar / ponerse a la cabeza, presidir’

ḫntỉ ‘viajar aguas arriba, viajar hacia el sur’

ḫnt.y-š ‘colono, arrendatario’

ḫnd ‘pisar, caminar’

ḫr ‘caer’

ḫr ‘tumba real, circunscripción de la tumba real, administración de la tumba real’

ḫr.t ‘opinión, asunto, propiedad, posesión, necesidad’

ḫrw ‘voz, sonido, ruido’

ḫrp ‘dirigir, mandar, administrar’

ḫsbḏ ‘lapislázuli’

ḫsf ‘rechazar, detener’

ḫsfw ‘viajar aguas arriba’

ḫt ‘madera’

ḫtỉ ‘recular’

m-ḫt ‘futuro, posteridad’

ḫtm ‘sellar, cerrar con llave’

/ *ḫtm.w-bỉ.ty / sḏꜣ.wty-bỉ.ty* ‘guardián del sello del rey del Bajo Egipto’

ḫd ‘estar del revés, cabeza abajo’

ḫdỉ ‘viajar aguas abajo, viajar hacia el norte’

ẖ

ẖ.t ‘vientre, abdomen’

ẖꜣ.t ‘cadáver’

ẖꜣr ‘saco’

ẖꜥm ‘encaminarse, dirigirse, acercarse’

ẖn ‘aproximarse’

ẖn.w ‘interior, residencia, hogar’

ẖnỉ ‘remar, llevar en barco’

ẖnm ‘asociarse, unirse, ser íntimo, abrazar, contener’

ẖnn ‘perturbar, molestar, ser impertinente’

ẖr.y-ḥb.t ‘sacerdote lector’

/ *ẖr.t-hrw* ‘necesidades diarias, ración diaria’

ẖr.(y)w ‘habitantes de una comarca, de una pequeña unidad económica’

ẖr.t-nṯr ‘necrópolis’

ẖrd ‘niño’

ẖzỉ (> *ẖsỉ*) ‘ser débil, fallar, ser insignificante, ser vil’

ẖkr ‘estar decorado’

ẖdb ‘matar, ejecutar’

Z

z (< *z.y*) 'hombre, persona, adulto'

z.t 'mujer'

z.t-ḥm.t 'mujer'

zꜣ 'hijo'

zꜣ.t 'hija'

zꜣ-rꜥ 'hijo de Ra'

/ *zꜣ* (> *sꜣ*) 'tropa, filé, cofradía sacerdotal'

/ *zꜣ* (< *sꜣ*) 'protección mágica, sortilegio, amuleto'

zꜣw 'vigilar, cuidar, guardar, guardarse de'

zꜣi 'ir despacio, esperar'

/ *zꜣb* 'persona respetable, anciano, potentado'

zꜣṯw 'suelo, cimiento, escombros'

zwn.w (> *swn.w*) 'médico'

zwr (> *swr*) 'beber'

zbi 'pasar'; 'enviar'

/ *zbn* (> *sbn*) 'resbalar, deslizarse, tropezar, rodar sobre la espalda'

zbṯ (> *sbṯ*) 'reír'

zp 'vez, caso, hecho, tema, ejemplo, trozo, resto'

zpi 'sobrar'; 'ocurrir una vez'

zf (> *sf*) 'ser suave, ser indulgente, ser apacible'

zfṯ (> *sfṯ*) 'sacrificar'

z(*m*).(*y*)*t* (> *s*(*m*).(*y*)*t*) 'desierto, cementerio'

zmꜣ (> *smꜣ*) 'unir(se), juntar(se)'

zmꜣ-tꜣ 'tocar tierra, enterrar, ser enterrado'

zmꜣ-tꜣ.wy 'unión de las dos Tierras'[148]

zn 'abrir'

zni 'pasar'

znb.t (> *snb.t*) 'muro de refuerzo, contrafuerte, muro'

znf (> *snf*) 'sangre'

zḥ (> *sḥ*) 'tienda, pabellón'; 'consejo, asamblea del consejo'

/ *zḥ-nṯr* 'capilla, vestíbulo del dios'

zḫi (> *sḫi*) 'golpear'

zḫn (> *sḫn*) 'abrazar, abarcar'; 'encontrar'

zš (< *zḫꜣ*) 'escribir'; 'escrito, texto, documento, libro, carta'

zš.w (< *zḫꜣ.w*) 'escriba'

zš (> *sš*) 'nido'

S

s.t 'sede, asiento, lugar, oficina, departamento'

s.t-ib 'predilección'

s.t-ꜥ 'actividad, acción'

sꜣ 'espalda, exterior, superficie'

sꜣ.t 'muro de cerca, muro'

sꜣi 'saciarse, estar saciado'; 'ser sabio, ser inteligente'

---

[148] Esto es, de Egipto.

sꜣwỉ ‘alargar’

sꜣb ‘ser multicolor, tener manchas’

[149] *sꜣr* (> *sꜣỉ*) ‘necesitar’

sꜣḥ ‘acercarse, alcanzar’

sꜣḥ.(w) ‘Orión’

sꜣḫ ‘transfigurar, espiritualizar’

sꜣq ‘agrupar, ensamblar, concentrar’

sỉꜣ ‘discernir, reconocer, diferenciar, distinguir’

sỉꜣṯ ‘mutilar’; ‘reducir’; ‘engañar, trampear’

sỉp ‘transferir, atribuir, encomendar, asignar’; ‘examinar’

sỉn ‘esperar, titubear’

sỉn ‘correr’

sꜥꜣ ‘agrandar, aumentar’

sꜥnḫ ‘reanimar, criar’

sꜥr ‘elevar, presentar’

sꜥḥ ‘dignidad, aristocracia, nobleza’

sꜥḥ ‘momia’

sꜥḥꜥ ‘erigir, poner de pie, alzar’

sꜥq ‘introducir’

/ *sw* ‘día del mes’

/ *swꜣ* ‘pasar’

swꜣ ‘cortar, talar, abatir’

swꜣḥ ‘hacer durar, establecer, reafirmar’

swꜣḏ ‘reverdecer, hacer florecer’

swꜥb ‘purificar’

[149] Con escritura fonotáctica del alófono *i* (se considera aquí que el fonema es *r*).

swr ‘agrandar, aumentar’

swḥ.t ‘huevo’

swtwt ‘pasear’

swḏ ‘transferir, transmitir, atribuir’

swḏꜣ ‘restablecer, sanar, poner a salvo’

/ *sbꜣ* ‘estrella’

sbꜣ ‘puerta’

sbꜣ ‘instruir, enseñar’

sbỉ ‘rebelarse, delinquir’

sbḥ ‘gritar’

sbḫ.t ‘portal, marco de puerta’

sbq ‘ser sensato, ser afortunado, ser valioso’

sb.ty ‘muro de cerca, muro de tierra, muro, fortificación’

sp.t ‘labio’

spꜣ.t ‘nomo, distrito’

spr ‘costilla’

spr ‘arribar, llegar’

spẖr ‘registrar, copiar’

spd ‘ser agudo, ser efectivo’

sfḫ ‘aflojar, soltar, desatar’

sm ‘ayudar, cuidar’

sm (< *stm*) ‘sacerdote *sem*’

sm.w ‘hierba’

smꜣ ‘matar’

smꜣꜥ ‘orientar, regular, inspeccionar, justificar’

smꜣwỉ ‘renovar’

smỉ (< *smr*) ‘informar, denunciar’

smn ‘establecer, hacer permanecer, erigir’

smr ‘amigo de alto rango, cortesano’

smḫ ‘olvidar’

smsw ‘ser viejo’

sn ‘oler, inhalar, besar’

snỉ ‘parecerse, copiar, imitar’

sn ‘hermano’

sn.t ‘hermana’

snb ‘estar sano’

snm ‘alimentar’

snn ‘estatua, imagen, figura, copia’

snṯ ‘plano de construcción, esquema, zanja de construcción, cimiento’

snṯr ‘incienso’

snḏ ‘temer, tener miedo’

snḏm ‘agradar, aliviar, entretener, gozar’

sr ‘alto funcionario’

sr ‘anunciar, profetizar, prever’

srwḏ ‘fortalecer, reafirmar, hacer eficaz, optimizar’

srf ‘ser caliente, calentar’

srḫ ‘fachada de palacio’

srd ‘hacer crecer, plantar, asentar’

shrỉ ‘complacer, calmar’

sḥwỉ ‘coleccionar, enumerar, catalogar, reunir’

sḥn ‘mandar, ordenar, organizar, encargar’

sḥrỉ ‘alejar, exorcizar’

sḥtp ‘satisfacer, calmar’

sḥḏ ‘aclarar, iluminar’

sḫ.t ‘campo nuevo, campo’

sḫ.ty ‘campesino’

sḫꜣ ‘recordar’

sḫꜥỉ ‘hacer aparecer, coronar, iluminar’

sḫp ‘traer, presentar (ofrendas)’

sḫpr ‘crear, formar, criar, educar’

sḫm ‘tener poder, ser potente’

sḫm.ty ‘doble corona, *Pshent*’

sḫnỉ ‘posar(se)’

sḫnti ‘poner delante, adelantar, promover’

sḫr ‘derribar, echar al suelo’

sḫr (< *sḫr.w*) ‘plan, idea, proyecto, cometido, sistema, situación, conducta, política’

sḫt ‘tender una trampa, atrapar’; ‘trenzar, tejer, montar, construir’

sspd ‘equipar, preparar, avivar’

sš ‘extender(se), desplegar(se)’

sšp ‘luz’

/ *sšm* ‘guiar’

/ *sšm* ‘dirigir, gobernar’; ‘dibujar una guía, un plano’

sšš.t ‘sistro’

sštꜣ ‘ocultar, hacer secreto’

sqꜣỉ ‘poner en alto, enaltecer, alzar’

sqbb ‘refrescar(se)’

/ *sqr* ‘golpear’

sqdỉ ‘navegar’

skỉ ‘barrer, aniquilar, perecer’

skꜣ ‘arar’

skm ‘completar, terminar’

sgr ‘acallar, silenciar’

stp ‘escoger, elegir’

sṯ.t ‘Asia’

sṯỉ (> *stỉ*) ‘lanzar, disparar, tirar’; ‘anudar’

sṯỉ (> *stỉ*) ‘perfume, olor, hedor’

sṯꜣ ‘arrastrar, tirar, remolcar’

sṯnỉ ‘alzar, ensalzar, realzar, marcar, distinguir’

sdꜣ ‘temblar’

sdm ‘maquillar’

sḏ ‘astillar, partir, romper’; ‘abrir una brecha’

sḏ (> *sd*) ‘cola, rabo’

sḏ.t ‘llama’

sḏꜣ ‘atravesar, cruzar’; ‘transportar’

sḏb ‘obstáculo, daño, perjuicio’

sḏm ‘oír, escuchar’

sḏr ‘acostarse, estar acostado pasar la noche, dormir’

sḏd ‘contar (historias), relatar’

Š

š (< *šy* < *š.t*) ‘lago’

šꜣ ‘pantano, marisma, vegetación’

šꜣỉ ‘destinar, predestinar’

šꜣʿ ‘comenzar’

šꜣs ‘recorrer, atravesar’

šꜣd ‘excavar’

šʿ ‘cortar’

šʿ.y ‘arena’

šw ‘estar vacío, carecer, faltar’

šw ‘luz solar’

šw.t ‘pluma’

šw.t ‘sombra’

šbỉ ‘mezclar(se), asociar(se)’

šps (< *špsỉ*) ‘ser noble, ser eminente, ser valioso’

špt ‘ser molesto, ser susceptible’

šf.yt ‘majestuosidad, aura’

šm ‘irse, ir’

šm.w ‘tercera estación anual (la de la cosecha)’

šmʿ.w ‘Alto Egipto’

šmm ‘ser caliente’

šms ‘seguir’

šms.w ‘séquito’

šnỉ ‘ser redondo, rodear, cercar’

šnỉ ‘sufrir, padecer, tener dolor’

šnỉ ‘jurar, conjurar’

šnỉ ‘preguntar, consultar’

šn.y ‘cabellos, pelo’

/ *šn.w* ‘anillo, muro de cerca, contorno, circunferencia’

šn.wt ‘silo, granero’

šnʿ ‘detener, rechazar, repeler’

šnʿ.w ‘taller, local comercial’

šnṯ ‘discutir, vituperar’

šnḏ.wt ‘mandil, falda’

šrr ‘ser pequeño, ser insignificante, ser joven’

šs ‘alabastro, calcita’

šs3 (< *sš3*) ‘ser conocedor, estar experimentado’

šzp (> *šsp*) ‘recibir, aceptar’

št3 ‘ser recóndito, secreto’

šṯ.yt ‘santuario *shetit*, almacén abovedado’

šdi ‘llevarse, arrancar, liberar’

šdi ‘leer’

šdi ‘amamantar, criar’

q

q3i ‘estar en alto, ponerse en alto, ser elevado’

q3b ‘ser curvo, sinuoso’; ‘doblar, aumentar’

q3s ‘maniatar, atar’

qʿḥ ‘inclinar(se), saludar’

qbb ‘ser fresco, refrescarse’

qbḥ ‘ser fresco, refrescarse’

qm3 ‘arrojar, lanzar, aventar’; ‘crear’

qn ‘completar, acabar, terminar’

qni ‘ser valiente, osado, ganador’

qnb.t ‘tribunal, consejo’

qnqn ‘vapulear, apalear’

qri ‘nubarrón, tormenta’

qrr.t ‘caverna’

/ *qrs* ‘colocar en el ataúd, enterrar’

qs ‘hueso’

qsn ‘ser difícil’

qd ‘construir, formar’

qd ‘forma, carácter, reputación’

k

k3i ‘pensar, reflexionar, imaginar’

k3 ‘doble[150], fuerza vital, apetito’

k3 ‘toro’

k3.t ‘trabajo, producto, obra, técnica’

k3p ‘ahumar, incensar’

k3r ‘naos, capilla transportable’

kfi ‘desnudar, descubrir, despojar, expulsar, alcanzar’

km ‘completar, terminar’

km.t ‘Egipto’

khs (< *k3hs*) ‘ser rudo, ser orgulloso’

ksi ‘inclinarse, hacer una reverencia’

kk.w ‘*finis terrae*, tinieblas’

g

g3w ‘necesidad, carencia’

[150] Se dice del muerto (o de una parte psíquica suya) que recibe las ofrendas.

gwꜣ ‘apretar’

gbꜣ ‘brazo’

gmi ‘encontrar, descubrir, averiguar’

gmḥ ‘divisar, observar’

gr ‘callar, estar en silencio, enmudecer’

grḥ ‘terminar(se), cesar’

grḥ ‘fin’[151]

grḥ ‘noche’

grg ‘asentar(se), fundar’

gs ‘lado, mitad’

t

t ‘pan’

tꜣ ‘tierra’

tꜣ.wy ‘las Dos Tierras (Egipto)’

tꜣ-mri ‘Egipto’

tꜣ-mḥ.w ‘el Delta’

tꜣ-nṯr ‘protectorado egipcio’

tꜣ-š ‘El Fayum’

tꜣ-šmʿ.w ‘el Alto Egipto’

tꜣ-ḏsr ‘tierra sagrada, necrópolis’

tꜣ ‘ser caliente, ser ardiente’

tꜣš ‘frontera’

tiw ‘sí’

twꜣ ‘sostener, soportar, levantar’

twr ‘respetar’

twt ‘ser parecido’; ‘ser perfecto, estar terminado’

twt ‘estatua, imagen’

tp ‘cabeza’

tm ‘estar completo, entero’

tm ‘cesar, terminar’

tr ‘tiempo, estación anual’

thi ‘transgredir, traspasar’

tḫn ‘obelisco’

tkꜣ.w ‘antorcha, vela’

tkn ‘aproximarse, ser íntimo de’

tkk ‘atacar’

ṯ

ṯꜣ.y ‘hombre, muchacho, marido’

ṯꜣ.ty ‘visir’

ṯꜣw (> *ṯꜣy*) ‘coger, robar’; ‘medir’; ‘acumular’

ṯꜣw ‘viento, aire’

ṯwf.y ‘papiro (planta)’

ṯb.t ‘sandalia’

ṯpḥ.t ‘caverna’

ṯni ‘levantar, ser sobresaliente, distinguir(se), privilegiar’

ṯn.w ‘número’

ṯnn.t ‘santuario menfita Chenenet’

ṯḥn ‘rutilar, centellear, titilar’

ṯḥn.t ‘fayenza, vidrio, esmalte’

/ *ṯḥn.w* ‘Libia’

/ *ṯz* (< *ṯꜣz*) ‘anudar, crear’; ‘reclutar, alistar, tasar, cobrar’

[151] Marca para indicar el final de un texto.

ṯz.w ‘frase’
ṯz.t ‘tropa’
ṯz-pẖr ‘viceversa’
ṯzỉ ‘levantar, erguir’

d

[152] *dꜣr* ‘someter, reprimir’
dwꜣ ‘loar, orar’
dwꜣ.w ‘la mañana’; ‘mañana (el día siguiente)’
/ *dwꜣ.t* ‘la Duat, orificio de acceso al inframundo’
dwn ‘estirar(se), tensar(se), extender(se)’
db ‘cuerno’[153]
db ‘hipopótamo’
dbn ‘dar una vuelta’
dbḥ ‘pedir, requerir’
dp ‘degustar, catar, saborear’
dp.t ‘barco, barca’
dm ‘afilar, pinchar, picar’
dm ‘deletrear, pronunciar’
dmꜣ ‘liar, juntar en un un haz’
/ *dmỉ* ‘tocar, contactar’
dmỉ ‘atracadero, embarcadero, ciudad, lugar’
dmḏ ‘juntar(se), reunir(se), totalizar’
dnỉ ‘represar, contener, retener’
dns ‘ser pesado, ser serio’
dr ‘echar, repeler, empujar’
dḥr ‘ser amargo’
dḥr ‘cuero’
ds ‘sílex’
ds ‘jarro, jarra’
ds ‘cuchillo’
dšr ‘ser rojo’
dšr.t ‘desierto’
dšr.t ‘corona roja’
/ *dgꜣ* > *dgỉ* ‘divisar, ver’
dgꜣ ‘plantar, colocar, instalar’
dgỉ ‘esconder(se)’

ḏ

/ *ḏ.t* ‘cobra’
ḏ.t ‘cuerpo, forma’
ḏ.t ‘eternidad lineal[154], propiedad funeraria’
ḏꜣỉ ‘atravesar, transportar’; ‘oponerse’
ḏꜣḏꜣ ‘cabeza’
ḏꜣḏꜣ.t ‘tribunal funerario, órgano colegiado, consejo de administración’
ḏʿm ‘electrum, oro blanco’

[152] Con escritura fonotáctica del alófono *ỉ* (se considera aquí que el fonema es *r*).

[153] Cf. *ʿb*.

[154] Es decir, tiempo ilimitado fuera de los ciclos solares. Se opone a *nḥḥ*.

ḏꜥr ‘arponear, buscar, rebuscar’

ḏw ‘montaña’

ḏw ‘ser malo’

ḏb.t ‘adobe, sillar’

ḏbꜣ ‘sustituir, reemplazar, reparar’; ‘adornar, decorar’

ḏbꜥ ‘dedo’

ḏf(ꜣ).w ‘alimento, comida, sustento’

ḏnḥ ‘ala’

ḏnd ‘estar furioso’

ḏr.w (> *ḏr*) ‘límite, ámbito, dominio’

ḏr.t (> *ḏ.t*) ‘mano’

ḏrỉ ‘ser duro, ser compacto, ser estable, ser firme, ser sólido’

ḏsr ‘separar, despejar, desembarazar, consagrar’

ḏsr ‘ser sagrado’

ḏd ‘decir’

ḏdỉ ‘durar, perdurar’

ḏdḥ ‘arrestar, encarcelar’

Anexo III. Textos

A. Práctica de lectura[155]

Monolíteros

Dos monolíteros + determinativo / ideograma

Tres o más monolíteros + determinativo/s

Monolíteros + bilíteros + determinativos

[155] Ejemplos tomados de A. de Buck, *Egyptian readingbook*, I, Leiden: Nederlandisch archaeologisch-philologisch Instituut voor het nabije Oosten, 1948, 1-8.

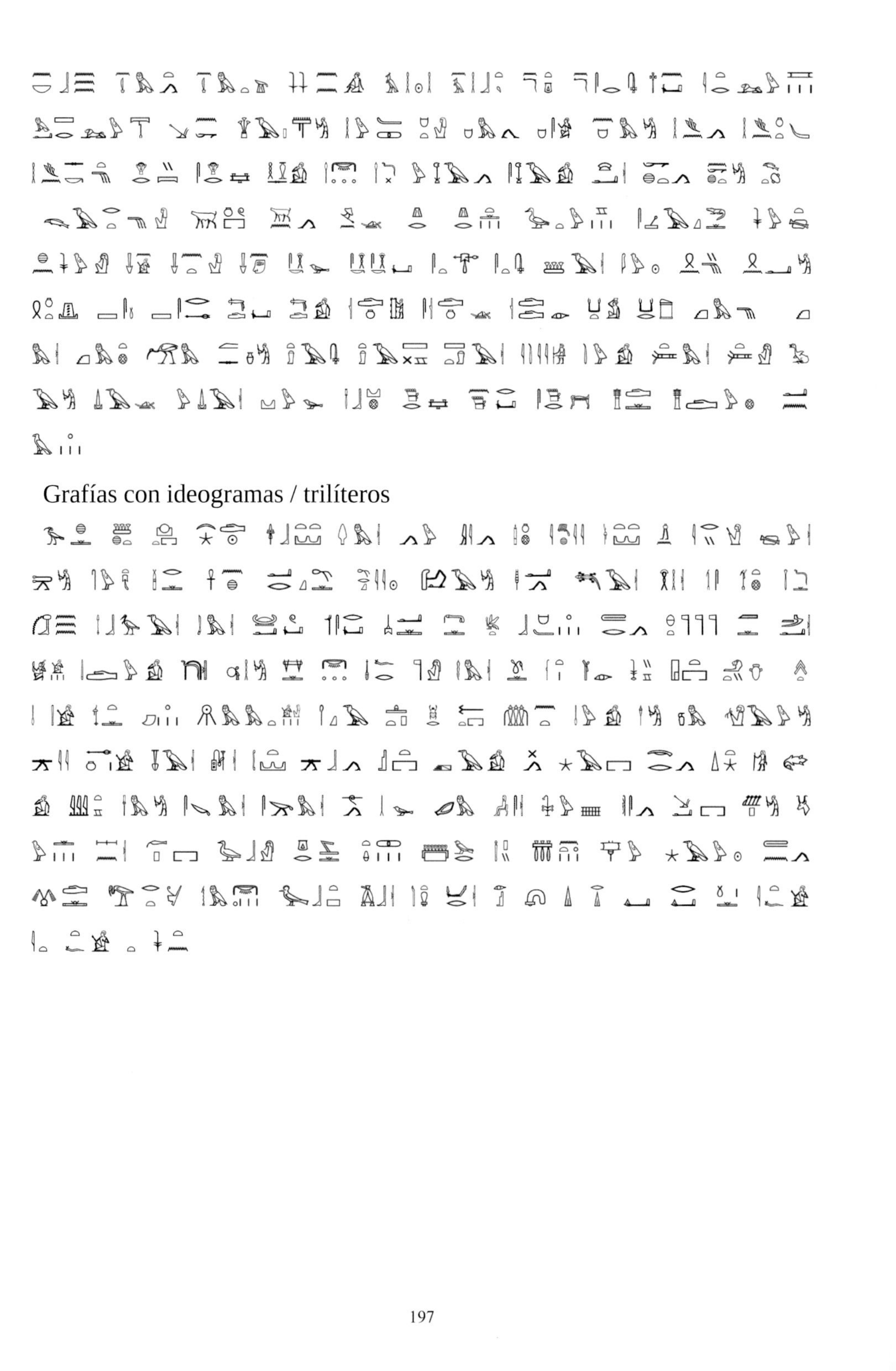

Grafías con ideogramas / trilíteros

B. Estela de Merer[156]

[156] J. Černý, *Journal of Egyptian Archaeology* 47 (1961), 5-9; H.G. Fischer, *Kush* 10 (1962), 333-334; W. Schenkel, *Memphis, Herakleopolis, Theben* (ÄgAbh 12), Wiesbaden, 1965, 62-64; M. Lichtheim, *Ancient Egyptian literature* I, Berkeley, 1975, 87-88; K. Jansen-Winkeln, *Journal of Egyptian Archaeology* 74 (1988), 204-207; S. Kubisch, *Mitteilungen des Deutschen Archäologischen Instituts, Abteilung Kairo* 56 (2000), 239-265; R. Nyord, *Göttinger Miszellen* 197 (2003), 73-91.

C. Historia del náufrago[157]

100,1
100,2
100,3
100,4
100,5
100,6
100,7
100,8
100,9
100,10
100,11
100,12
100,13
100,14
100,15
101,1
101,2

[157] Según la paginación de A. de Buck, *Egyptian readingbook* I, Leiden, 1948, 100-106. Cf. A. Erman, *Zeitschrift für Ägyptische Sprache und Altertumskunde* 43 (1906), 1-26; W. Golénischeff, *Le conte du naufragé* (BiEtud 2), El Cairo, 1912; W. Golénischeff, *Les papyrus hiératiques nos. 1115, 1116A et 1116B de l'Ermitage impérial à St-Petersbourg*, San Petersburgo, 1916; A.M. Blackman, *Middle Egyptian Stories* (BiAeg 2), Bruselas, 1932, 41-48; G. Lanczkowski, *Zeitschrift des deutschen morgenländischen Gesellschaft* 103 (1953), 360-371; M.T. Derchain-Urtel, *Studien zur altägyptischen Kultur* 1 (1974), 83-104; M. Lichtheim, *Ancient Egyptian literature* I, Berkeley, 1975, 211-215; J.L. Foster, *Studien zur altägyptischen Kultur* 15 (1988), 69-109; J. Baines, *Journal of Egyptian Archaeology* 76 (1990), 55-72; J.M. Galán, *Cuatro viajes en la literatura del antiguo Egipto*, Madrid, 2000, 17-60; J. Winand, *Temps et aspect en égyptien: une approche sémantique* (PdÄ 25), Leiden, 2006, 436-437 (estudio de estructura narrativa de un fragmento).

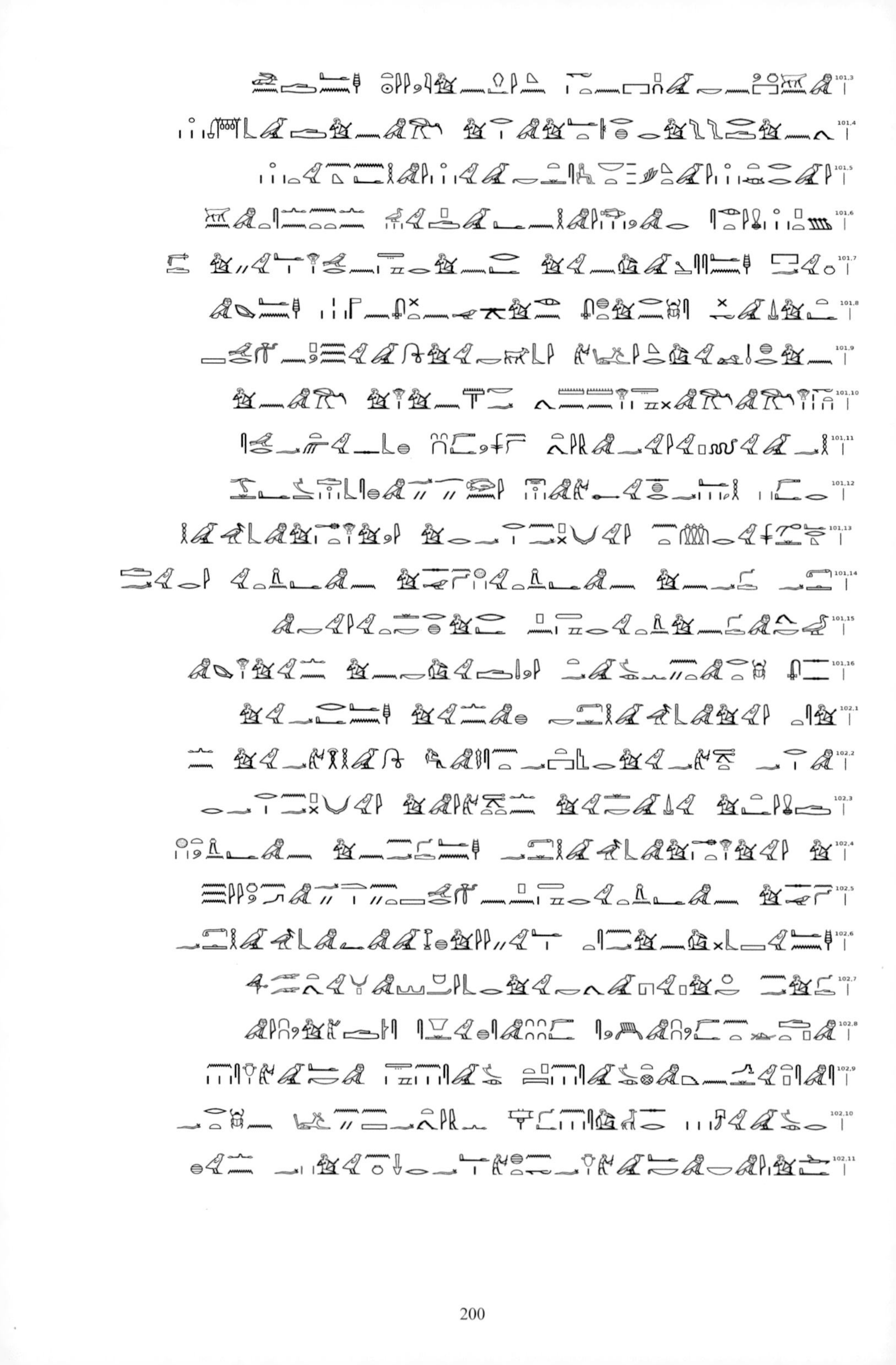

101,3

101,4

101,5

101,6

101,7

101,8

101,9

101,10

101,11

101,12

101,13

101,14

101,15

101,16

102,1

102,2

102,3

102,4

102,5

102,6

102,7

102,8

102,9

102,10

102,11

102,12

102,13

102,14

102,15

102,16

103,1

103,2

103,3

103,4

103,5

103,6

103,7

103,8

103,9

103,10

103,11

103,12

103,13

103,14

103,15

103,16

104,1

104,2

104,3

104,4

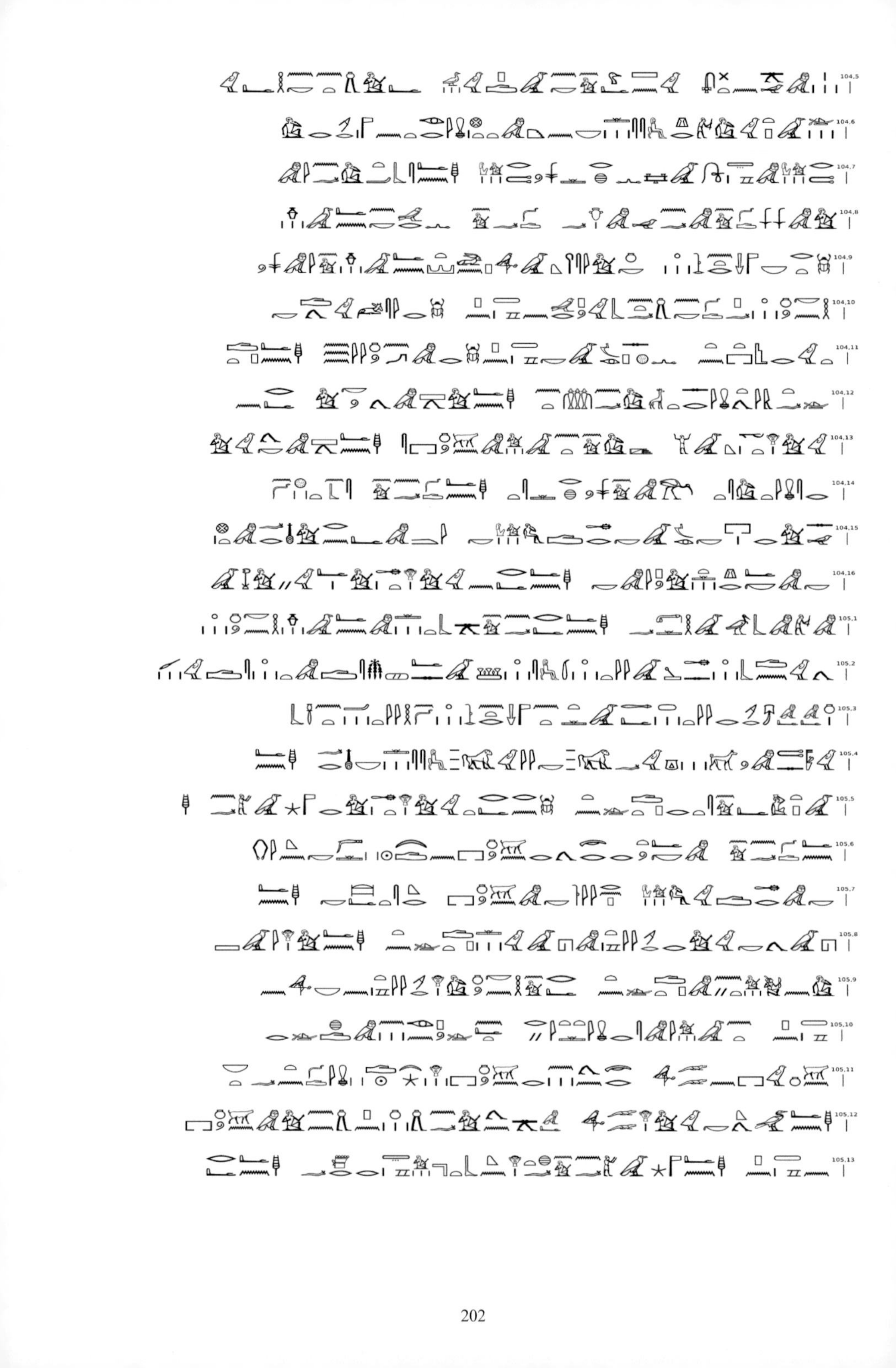

104,5
104,6
104,7
104,8
104,9
104,10
104,11
104,12
104,13
104,14
104,15
104,16
105,1
105,2
105,3
105,4
105,5
105,6
105,7
105,8
105,9
105,10
105,11
105,12
105,13

105,14

105,15

105,16

106,1

106,2

106,3

Anexo IV. Soluciones de los textos

A. Práctica de lectura

Monolíteros

ỉm	allí	*ntk*	tú (masculino)
ỉn	por (causa)	*hꜣ*	¡oh!
ỉr	si, en cuanto a	*ḥnꜥ*	y
ỉs	ciertamente	*ḫr*	entonces
ỉsṯ	ciertamente	*grt*	pues
bw	lugar	*tꜣ*	esta, la
pn	este	*tn*	esta
nts	ella		

Dos monolíteros + determinativo / ideograma

ꜣ.t	instante	*ẖsỉ*	ser cobarde
ỉp	contar	*zp*	vez
ỉḥ	buey	*zḥ*	tienda
ỉdỉ	estar sordo	*zš*	escribir
ꜥš	convocar	*sf*	ayer
ꜥq	entrar	*sr*	magistrado
ꜥ.t	miembro del cuerpo	*sḏ*	romper
ꜥ.t	habitación	*šꜥ*	cortar
bd	natrón	*šrỉ*	chaval, hijo menor

bz	introducir
p.t	cielo
fꜣi	transportar
m(w)t	morir
rm	pez
rḫ	saber
rd	pie
hꜣꞽ	bajar
ḥꜥ.w	cuerpo
ḥb	fiesta
ḫ.t	cosa
ḫ.t	fuego
ḫm	ignorar
ḫr	caer
qꜣꞽ	estar en alto, ser alto
qnꞽ	ser valiente, conquistar
qs	hueso
kꜣꞽ	planear
kf	destapar, desnudar
gr	estar callado
ṯz	anudar, atar
ṯzꞽ	levantar, soportar
dr	rechazar
ds	jarra
ds	sílex, cuchillo
dgi	mirar
ḏ.t	eternidad, morada funeraria

Tres o más monolíteros + determinativos

ꜣḥ.t	campo
ꜣpd	ave
ꜣzḫ	segar
ꜣmm	agarrar
iqr	excelente
itn	disco solar
nh.t	sicomoro
nḫn	ser joven
hꜣb	enviar
hr.w	día
ḥ(n)q.t	cerveza
hbs	vestirse

ỉꜣw	adoración
ỉbḥ	diente
ỉʿḥ	luna
ỉꜣ.t	estandarte
ỉnr	piedra
i.ʿr.t	uraeus
ỉzf.t	mentira
ỉꜣkb	lamentarse
ỉtr.w	río
ʿn.t	uña
ʿnḏ	ser poco
wʿr.t	pierna
wiꜣ	barca solar
wbn	despuntar
bỉn	ser malo, mal
bỉk	halcón
bnr	dátil
psḏ	brillar
pnʿ	capotar
fnḏ	nariz
fd.t	sudor
mzḥ	cocodrilo
ḥzp	jardín
ḥsb	contar
ḥqr	tener hambre
ḫpš	pata delantera
ḫfʿ	capturar, pillar
ḫrp	mandar
ḫtm	sellar
ẖrd	niño
zḫn	abrazar
sʿḥ	ser noble
smḫ	olvidar
srf	estar caliente, quemar
sḫr	plan, conducta, asunto
sḫr	tumbar, derribar
qbb	estar fresco
kk.w	oscuridad
kꜣš	Kush
grḥ	noche
twt	estatua, imagen
dp.t	gusto, sabor
dp.t	barco
dns	ser pesado

nis	invocar, llamar	*dꜣb*	higo
nḏs	pequeño	*dbn*	dar una vuelta

Monolíteros + bilíteros + determinativos

ꜣw	ser largo	*wn*	abrir
sꜣw	alargar	*wnn*	ser, estar, existir
ḥfꜣ.w	serpiente	*wnm*	comer
ꜣbẖ	mezclar	*wr*	ser grande
imḥ.t	el más allá	*zwri*	beber
inb	muro	*twr*	respetar
irw	forma	*wḏ*	ordenar, mandar
iz	tumba	*bꜣk*	trabajar
ꜥꜣ	ser grande	*dbḥ*	solicitar, pedir
ꜥꜣ	aquí	*bḥd.t*	Edfú
ꜥq	entrar	*pꜣ*	este, el; verbo aux. de pasado
ꜥḏ	estar a salvo	*pri*	salir, subir
wꜣi	estar lejos	*pḥ*	alcanzar
ꜥwꜣ	robar	*pḥ.ty*	fuerza física, poder
swꜣ	pasar	*qmꜣ*	arrojar, crear
wꜥ	uno	*mi*	como
wpi	abrir	*min*	hoy
iwn	complexión	*miw*	gato

smỉ informar
dmỉ tocar
m.ww agua
mn permanecer
mn estar enfermo, sufrir
ỉmn Amón
mnmn.t ganado
smr afligir
mrỉ amar
mrḥ.t aceite
mḥ llenar
mḥỉ ahogarse
msḏỉ odiar
ꜣms cetro *ames*
ḫmt tres; planear, pensar
nw.t Nut
nwn Nun
ḥnw.t señorita
mn.w monumento
nw tiempo
nw esos
nbỉ nadar
ẖꜣr.t viuda
ẖn.w corte real
ẖn aproximarse
ẖnỉ remar
ẖr debajo de
ẖr.wt pertenencias, ración
zꜣt.w suelo
sꜣq aunar
sw.t pata (de animal)
ḫns.w Jonsu
sn hermano
sn.t hermana
sn oler, respirar, besar
skỉ perecer
sksk destruir
stỉ disparar
stỉ prender fuego
šꜣ asignar, predestinar
šw luz solar, estar seco
šn.y pelo, cabellos
šnꜥ rechazar, detener
šn.wt granero

nmt	atravesar, recorrer
nm.t	matadero
nnỉ	estar inerte
nḥḥ	eternidad (cíclica)
nḥb.t	cuello
ns.t	trono
nsr	llama
nḏ	moler; proteger, salvar
ỉtr.w	río
mšr.w	tarde
hbn	ébano
ḥꜣp	ocultar
ḥw	comida
ḥm.t	mujer
ḥmỉ	retirarse
ḥmsỉ	sentarse
nḥm	llevarse, librar
ḥn	ir deprisa
ḥn.wt	cuerno
ḥnzk.t	bucle, trenza
ḥr.y	encargado, superior
sḥr	alejar
šs	alabastro
šsr	flecha
šdỉ	arrancar, excavar, librar
šdỉ	leer, recitar
qd	construir
sqdỉ	circunnavegar, navegar
qdd	dormir
kꜣ.t	obra, trabajo, profesión
kꜣr	capilla
km	ser negro
km	ser en total, completar
km.t	Egipto
gmỉ	encontrar
gz	ungir, untar
tꜣ	ser caliente
tꜣš	frontera
štꜣ	ocultar, ser secreto
ỉt.y	soberano
tỉw	sí
tm	estar completo, todo, universo
tm	Atum
ṯꜣw	coger, capturar, robar

ḥzi	favorecer, rogar	*ḏꜣi*	atravesar navegando
ḥḏ	plata	*wḏꜣ*	estar sano, a salvo
ḥḏi	herir, destruir	*ḏw*	ser malo, mal
wḫꜣ	buscar	*ꜣbḏ.w*	Abidos
sḫꜣ	recordar	*ḏr.w*	límite, final
ḫꜥi	aparecer	*nḏr*	coger, asir
ḫti	recular, retirarse	*sḏr*	acostarse, dormir
nḫt	ser fuerte, victorioso	*ḏd*	ser duradero
ẖꜣ.t	cadáver	*ḏd.w*	Busiris
ꜥn.tyw	mirra		

Grafías con ideogramas

ꜣḫ	ser brillante, útil, un *ꜣḫ*	*rwḏ*	ser firme
ꜣḫ.t	estación de la inundación	*rnp.t*	año
ꜣḫ.t	horizonte	*rsi*	despertarse, velar
ꜣbd	mes	*rs.y*	meridional
iꜣb.tt	Este, oriente	*ḥw.t*	morada, finca
imꜣ (< *iꜣm*)	ser amable, encantador	*ḥꜣ.ty*	corazón
iw	venir	*ḥp.t*	remo
ii	venir	*ḥm*	sacerdote
iwn.w	Heliópolis	*ḥm.t*	habilidad, oficio
imꜣḫ.y	excelente (difunto)	*ḥm.t*	cobre

ỉmn.tt	Oeste, occidente
ỉnỉ	ir por, traer
ỉr.y	guardián
ỉsw	recompensa
ỉṯỉ	coger, tomar, llevarse
ʿw.t	ganado menor
ʿpr	equipar, adquirir
ʿnḫ	vivir
ʿrq	doblar
ʿrq.y	último de mes
ʿḥꜣ	luchar
ʿḥʿ	ponerse de pie, estar de pie
ʿšꜣ	mucho, ser muchos
wꜣḥ	depositar, plantar
wꜣs	cetro *uas*
wꜣs.t	Tebas
wꜣḏ	florecer, estar florido, fresco
wʿb	purificar, ser puro
wbꜣ	taladrar, penetrar, abrir
wḥm	repetir
wḥʿ	soltar, desatar
wsr	ser fuerte
ḥnmm.t	población solar
ḥqꜣ	gobernar
ḥtp	estar en paz, satisfecho
ḫpr	ocurrir, convertirse
ḫnr.t	prisión
ḫnt	a la cabeza de
ḫrw	voz, ruido
ḫsf	rechazar, expulsar
ẖnm	unir, englobar, abarcar
zꜣw	guardar, vigilar
zy	¿quién?
zwn.w	médico
zmꜣ	unir
zš	escribir
s.ty	Nubia
zbỉ	pasar
s.t	asiento, sitio, sitial
sỉꜣ	reconocer, percibir
swꜣ	romper
sbꜣ	puerta
spr	arribar
spd.t	Sopdet

wḏꜥ	separar, apartar	*sms.w*	anciano
bꜣḥ	delante	*snḏ*	temer
bỉ.t	abeja	*sẖ.t*	campo
bỉꜣ	bronce	*sẖm*	tener poder
pẖr	circular	*sšm*	guiar, gobernar
psḏ.t	Enéada	*sšm*	guiar, gobernar
mꜣꜥ	verdadero	*sṯꜣ*	arrastrar, fluir
mꜣꜥ	ser verdad, justo, estar en orden	*sḏb*	obstáculo
mšꜥ.w	ejército	*sḏm*	escuchar, oír
mdw	hablar	*špsỉ*	ser noble
mḏ	ser profundo	*šmꜥ.w*	Sur
mḏḥ	tallar, labrar	*šms*	seguir
mḏd	prensar, presionar	*šnꜥ*	rechazar, detener
nbw	oro	*šzp*	recibir
nfr	ser perfecto, bello, bueno	*šsꜣ.w*	prescripción médica
nṯr	dios	*qn*	acabar, estar provisto
nḏm	ser dulce	*kꜣp*	incensar
gb	Gueb	*ḏbꜥ.(w)t*	sello
grg	fundar	*ḏsr*	separar, ser sagrado
t	pan	*wsỉr*	Osiris
tꜣ-wr	babor	*sḏꜣ.wty*	guardián del sello
tp.y	primero	*dỉ*	dar, causar

ṯḥn.t	fayenza	*rdi*	dar, causar
ṯ3w	viento, vela	*di*	dar, causar
dw3.w	mañana	*rdi*	dar, causar
dbn	dar una vuelta	*sšr*	cosa, asunto, acto
dmḏ	aunar, acumular, total	*it*	padre
dšr.t	la corona roja	*it*	padre
ḏʿm	electron	*it*	padre
ḏb.t	ladrillo, lingote	*it*	padre
ḏb3	decorar, reparar	*nsw*	rey del Alto Egipto, rey

B. Estela de Merer

1 *ḥtp-di-nsw [inp.w] tp.(y) ḏw.f im.y wt nb t3 ḏsr m s.wt.f nb.(wt) nfr.(w)t wʿb.(w)t (m) pr.t-ḫrw n im3ḫ.w smr wʿ.t(y) wdp.w im.y-r* **2** *zfṯ.w n.w pr ḫww mi-qd.f mrr*

Ofrenda real de Anubis, el que está sobre su montaña, el embalsamador, el señor de la tierra sagrada en cualquier sede bella y pura, a manera de invocación para el difunto, amigo único, copero y jefe de matarifes de toda la casa de Juu, Merer.

ḏd.f

Él dice:

ink wʿb r zfṯ drp **3** *m ḥw.ty-nṯr ḥr-tp ḥq3*

"Yo fui un sacerdote-*wʿb*[158] para sacrificar (y) hacer ofrendas en dos templos en nombre del gobernador.

[158] Literalmente, 'purificado'.

ꞽw drp.n.<ꞽ n> ḥqꜣ 13

Hice ofrendas para 13 gobernadores.

n-zp ꞽw.t ḫ.t ꞽmꞽ.<ꞽ>

Nunca hubo causa contra mí.

n ꞽwꜣ.<ꞽ>

No robé.

[4] *n psg.<ꞽ> m ꞽr.ty n.(y) nfr n.(y) ḏd n.(y) rḫ n.(y) nk<ꜣ> n.(y) ḫꜣm n.<ꞽ> rmn*

No escupí a los ojos del bueno, del conversador, del sabio, del reflexivo, del que me acogió.

ꞽw ꞽrꞽ.n.<ꞽ> mrr.t ꜥꜣ.w ḥzz.t [5] *ẖn.ww*

Hice lo que los grandes deseaban, lo que pedían los cortesanos

qd mrr.w smꜣ.(y)w.f

—una disposición apreciada por los socios—.

ꞽw ḫnt.n.<ꞽ> r-ḥꜣ.t

Estuve a la cabeza.

ꞽw zbꞽ.n.<ꞽ> r ꞽmꜣḫ

Pasé a la excelencia.

[6] *ꞽw hnn.<n.ꞽ n> ꞽt.<ꞽ>*

Me apoyé en (el ejemplo) de mi padre.

n-zp wd.y.<ỉ> ḥr ꜥnḫ n sḫm-ỉrỉ.(y).f n-mr.yt nfr rn.<ỉ> m rmṯ nb

Nunca golpeé a una persona poderosa para que mi nombre fuera bueno a ojos de todos.

[7] *n ḏd grg r ꜥnḫ*

No dije mentiras sobre nadie

bw.t ỉnp.w

—la abominación de Anubis—.

ỉw grt snd.<ỉ> ḫpr m k.t sw.t (n) nỉw.t tn

Además, temí convertirme en otra amenaza[159] para esta ciudad, (así que):

ỉw ỉnỉ.n.<ỉ> [8] *mnmn.t*

adquirí ganado,

ỉnỉ.n.<ỉ> rmṯ

adquirí personal,

ỉnỉ.n.<ỉ> ḥꜣ.wt

adquirí campos

ỉnỉ.n.<ỉ> ḥm.t

y adquirí cobre (= herramientas).

ỉw sꜥnḫ.n.<ỉ> sn.yw sn.wt

Alimenté a mis hermanos y hermanas.

[159] O ‘carga’.

[9] *ỉw qrs.n.<ỉ> n.t(y) m(w)t*

Enterré al muerto

sꜥnḫ.n.<ỉ> n.t(y) ꜥnḫ m ḫn.t.<ỉ> nb.t ỉm m ṯs pn ḫpr

y alimenté al vivo con todos mis desembolsos aquellos durante la hambruna que hubo.

[10] *ỉw ḫtm.n.<ỉ> ḥꜣ.wt.sn ỉꜣ.wt.sn nb.(w)t m nỉw.t m sḫ.t*

Aislé todos sus campos y colinas, tanto en la ciudad como en el campo,

n rdi.<ỉ> [11] *mḥ m.w.sn n k.y m ỉrỉ nḏs ỉqr nbỉ (m)hw.t.f*

y no permití que sus aguas inundaran para otro, como haría todo ciudadano para que su familia pueda nadar.

[12] *ỉw ḫpr.n didi.t(w) ỉt-šmꜥ n nỉw.t*

Se dio el caso de que se donara cebada del Alto Egipto a la ciudad.

ỉw ḏꜣ.<n.ỉ> n.s ꜥšꜣ zp.w

Yo (la) transporté para ella muchas veces,

di.n.<ỉ> ꜥḥꜥ n ỉt-šmꜥ-ḥḏ ꜥḥꜥ n ḫmỉ

di un montón de cebada blanca del Alto Egipto y un montón de cereal *ḫmỉ*

[13] *ḫꜣ.ỉ n z nb m mrr.t.f*

y medí lo necesario para cada persona, según lo que quería.

[14] *ḥm.t.f mr(r).t.f n.t ḏ.t ẖkr.t-nsw wʿ.tt ḥm.<t>-ntr ḥw.t-ḥr dmỉ.s-n.<ỉ> nfr.t ḏd ʿbꜣ.t ỉ.ẖ.(w)t* [15] *wʿb.(w)t t ḥḏ ẖnm.wt m mrr.t nb.<t> šms.t ỉb m mr.t.n nb.t [sn.t] ḏ.t ḥz.yt* [16] *n.t ḥw.t-ḥr nb.<t> ỉwn.t dmỉ.s-n.<ỉ>*

Su mujer a la que él ama, la suya, único ornamento real, sacerdotisa de Hathor, Demieseni, buena de conversación, dadora de ofrendas puras de pan blanco según todo lo que desea la servidora de corazón y según todo lo que ha deseado la hermana de cuerpo, favorita de Hathor, señora de Dendera, Demieseni.

C. Historia del náufrago

[100,1] *ḏd.ỉn šms.w ỉqr*

Y dijo el sirviente excelente:

wḏꜣ ỉb.k ḥꜣ.ty-ʿ

"¡Con la venia, príncipe!

mk pḥ.n.n ẖn.w
šzp.(w) [100,2] *ẖrp.w*
ḥwỉ.(w) mnỉ.t
ḥꜣ.tt rdỉ.t(ỉ) ḥr tꜣ
rdỉ.(w) ḥkn.w
dwꜣ nṯr z [100,3] *nb ḥr ḥpt sn.w.f*
ỉw.wt.ṯn ỉỉ.t(ỉ) ʿḏ.t(ỉ)

He aquí que hemos llegado a la corte,
que la maza ha sido cogida,
que la estaca ha sido clavada,
que la cuerda de proa está colocada sobre tierra,
que se han dado gracias,
que todos han loado a los dioses, abrazando a sus hermanos,
que vuestras tropas han vuelto y que están a salvo.

nn nh.w n mšꜥ.n
100,4 *pḥ.n.n pḥ.wy wꜣwꜣ.t*
zn.n.n znmw.t

No hay bajas de soldados nuestros
tras haber alcanzado los confines de la Baja Nubia
y haber dejado atrás Senemut.

mk rf.n i͗i͗.n **100,5** *m ḥtp*

Henos aquí pues llegados con bien.

tꜣ.n pḥ.n sw

Nuestra tierra, la hemos alcanzado.

sḏm r.k n.i͗ ḥꜣ.ty-ꜥ

¡Escúchame pues, príncipe!

i͗nk šw ḥꜣ.w

¡No exagero![160]

100,6 *i͗ꜥ ṯw*
i͗mi͗ m.w ḥr ḏbꜥ.w.k

¡Lávate!
¡Pon agua en tus manos!

i͗ḫ wšb.k wšd.t(w).k
mdw.k **100,7** *n nsw i͗b.k m ꜥ.k*
wšb.k nn ni͗ti͗t

¡Ten a bien, por favor, responder cuando se te hable!
¡Que puedas hablarle al rey con aplomo y responder sin vacilación !

---

[160] Literalmente, 'Estoy libre de aumento'.

ỉw r n z nḥm.f sw

La palabra de un hombre lo libera.

100,8 *ỉw mdw.f dỉ.f ṯꜣm n.f ḥr*

Su hablar hace que se sea indulgente con él.

ỉrỉ.k m ḫr.t ỉb.k

¡Que puedas actuar como desees![161]

swrd pw ḏd n.k

Es cansado hablarte.

100,9 *sḏd.(w).ỉ rf n.k mỉ.tt-ỉr.y ḫpr m-ꜥ.ỉ ḏs.ỉ*

Te contaré por tanto algo parecido que me ocurrió a mí mismo.

šm.kwỉ r bỉꜣ n **100,10** *ỉ.ty*

Fui a una mina real.

hꜣ.kwỉ r wꜣḏ-wr m dp.t n.t mḥ 120 m ꜣw.s mḥ 40 m **100,11** *swḫ.s sqd 120 ỉm.s m stp n km.t*

Bajé hasta el Gran Verde en un barco de 120 codos de eslora y 40 codos de manga, con 120 marineros de lo mejor de Egipto.

[161] El sentido es '¡Haz lo que te venga en gana!'

m3.sn p.t
m3.sn [100,12] *t3*
mꜥk3 ỉb.sn r m3.w
sr.sn ḏꜥ
n ỉỉ.t nšn.y
[100,13] *n ḫpr.t.f*

Ellos observaron el cielo,
observaron la tierra,
—eran más valientes que leones—
y predijeron una tormenta antes de que viniera la borrasca, antes de que ocurriera.

ḏꜥ pr.(w)

Estalló una tormenta.

ỉw.n m w3ḏ-wr
tp-ꜥ s3ḥ.n t3
[100,14] *f3.t t3w*

Estábamos en el Gran Verde, antes de tocar tierra, navegando,

irỉ.f wḥm.yt
nw.yt ỉm.f n.t mḥ 8

y había mar gruesa, con olas de 8 codos en él (= Gran Verde).

[100,15] *ỉn ḫt ḥḥ.(w).n{.ỉ}.s*

Es el mástil lo que golpearon.

ꜥḥꜥ.n dp.t m(w)t.w
n.tyw ỉm.s n zp [101,1] *wꜥ ỉm*

Entonces, el barco murió:
de sus tripulantes no quedaba ni uno.

ꜥḥꜥ.n.ỉ rdỉ.kwỉ r ỉw ỉn wꜣ.w n wꜣd̠-wr
101,2 *ỉrỉ.n.ỉ hrw 3 wꜥ.kwỉ*
ỉb.ỉ m sn.w.ỉ
sd̠r.kwỉ 101,3 *m-h̠n.w-n kꜣp n ẖt*
qnỉ.n.ỉ šw.yt

Entonces, me encontré llevado hasta una isla por una ola del Gran Verde,
pasé 3 días solo
—mi corazón era mi compañero—,
me acosté al abrigo de los árboles
y abracé la sombra (= me dormí).

ꜥḥꜥ.n dwn.n.ỉ **101,4** *rd.wy.ỉ r rẖ dỉ.t.ỉ m r.ỉ*
gm.n.ỉ d̠ꜥb.w **101,5** *ỉꜣrr.t ỉm ỉꜣq.t nb.t šps.t kꜣ.w ỉm ḥnꜥ nq(ꜥ).wt*
101,6 *šzp.wt mỉ ỉrỉ.t.s(n) rm.w ỉm ḥn ꜣpd.w*

Luego, estiré mis piernas para saber lo que me echaría a la boca
y encontré higos, uvas por ahí, todo tipo de verdura excelente, higos de sicomoro por ahí e higos de sicomoro estriados, pepinos como los que se cultivan, peces por ahí y pájaros.

nn n.tt nn st m-h̠n.w.f

No había nada que no estuviera en ella (= la isla).

101,7 *ꜥḥꜥ.n ssꜣ.n.(ỉ) wỉ*
rdỉ.n.ỉ r tꜣ n wr ḥr-ꜥ.wy.ỉ
šd.t.ỉ **101,8** *d̠ꜣ.w*
sẖpr.n.ỉ ẖ.t
ỉrỉ.n.ỉ zbỉ-n-sd̠.t n nt̠r.w

Me sacié
y puse por tierra, porque mucho (era) lo que (había) en mis manos;
corté un pedernal,
encendí fuego
e hice un holocausto a los dioses.

ꜥḥꜥ.n sḏm.n.ỉ [101,9] *ḫrw qrỉ*
ỉbỉ.kwỉ wꜣ.w pw n wꜣḏ-wr
[101,10] *ḫt.w ḥr gmgm*
tꜣ ḥr mnmn

Entonces oí ruido de tormenta
—pensaba que era el oleaje del Gran Verde—,
los árboles rompiéndose
y la tierra temblando.

kf.n.ỉ ḥr.ỉ
gm.n.ỉ [101,11] *ḥfꜣ.w pw ỉw.f m ỉỉ.t*

Despejé mi cara
y encontré (que) era una serpiente que estaba viniendo.

n.y-sw mḥ 30
ḫbs.wt.f wr.s [101,12] *r mḥ 2*
ḥꜥ.w.f sḫr.w m nbw
ỉn.y.f m ḫsbd mꜣꜥ
[101,13] *ꜥrq sw r-ḫnt*

Tenía 30 codos,
su barba era de más de 2 codos,
su cuerpo estaba chapado en oro,
sus cejas eran de lapislázuli auténtico
y estaba inclinada hacia adelante.

ỉw wp.n.f r.f r.ỉ

Abrió su boca hacia mí.

ỉw.ỉ ḥr ẖ.t.ỉ m bꜣḥ.f

Yo estaba sobre mi vientre delante de ella.

[101,14] *ḏd.f n.i͗*

Me dijo:

(i͗)n-m i͗ni͗ tw zp 2 nḏs (i͗)n-m i͗ni͗ tw

‘¿Quién te ha traído?’ —2 veces— ‘Compañero, ¿quién ha te ha traído?

i͗r wdf.k [101,15] *m ḏd n.i͗ i͗ni͗ tw r i͗w pn*
rdi͗.(w).i͗ rḫ.k tw
    i͗w.k m [101,16] *ss*
    ḫpr.t(i͗) m n.ty n mꜣ.tw.f

Si tardas en decirme (quién) te ha traído a esta isla,
haré que te veas reducido a cenizas, convertido en uno que no puede ser visto’.

i͗w mdw.k n.i͗
    nn wi͗ ḥr sḏm.i͗ [102,1] *st*

‘Me hablas,
pero no lo estoy oyendo.

i͗w.i͗ m-bꜣḥ.k
ḫm.n.(i͗) wi͗

Estoy delante de ti
y no me entero’.

ꜥḥꜥ.n rdi.f wi **102,2** *m r.f*
iṯi.f wi r s.t.f n.t snḏm
wꜣḥ.f wi
nn **102,3** *dmi.t.i*
wḏꜣ.kwi
nn iṯ.t im.i

Entonces, me puso en su boca,
me llevó a su guarida
y me depositó sin tocarme;
yo estaba intacto, sin devorarme[162].

iw wp.n.f r.f r.i

Abrió su boca hacia mí.

102,4 *iw.i ḥr ẖ.t.i m-bꜣḥ.f*

Yo estaba sobre mi vientre delante de ella.

ꜥḥꜥ.n ḏd.n.f n.i

Y, entonces, me dijo:

(i)n-m ini tw zp 2 **102,5** *nḏs (i)n-m ini tw r iw pn n wꜣḏ-wr n.ty gs.(wy).fy m nw.y*

'¿Quién te ha traído? —2 veces— Compañero, ¿quién te ha traído a esta isla del Gran Verde cuyas dos mitades están en el agua?'

102,6 *ꜥḥꜥ.n wšb.n.i n.f st*
ꜥ.wy.i ẖꜣm.(w) m-bꜣḥ.f
102,7 *ḏd.i n.f*

Y entonces yo le respondí esto,
con mis brazos inclinados ante ella,
le dije:

---

[162] Literalmente, 'tomar posesión de'.

ỉnk pw hꜣ.kwỉ r bỉꜣ m wp.wt ỉt.y [102,8] *m dp.t n.t mḥ 120 m ꜣw.s mḥ 40 m swẖ.s sqd 120 ỉm.s* [102,9] *m stp.w n km.t*

‘Soy uno que bajó hasta una cantera con una expedición real en un barco de 120 codos de eslora y de 40 de manga, con 120 marinos de lo mejor de Egipto.

mꜣ.sn p.t
mꜣ.sn tꜣ
mꜥkꜣ-ỉb.sn [102,10] *r mꜣw.w*
sr.sn ḏꜥ
n ỉỉ.t.f
nšn.y n ḫpr.t.f
[102,11] *wꜥ ỉm nb mꜥkꜣ-ỉb.f nḫt-ꜥ.f r sn.w.f*
nn [102,12] *wḫꜣ m-ḥr-ỉb.sn*

Miraron el cielo,
miraron la tierra
—eran más valientes que leones—
y predijeron una tormenta antes de que llegara, una borrasca antes de que se produjera
—cada uno de ellos era más valiente y más fuerte de brazo que su compañero; no había incompetentes entre ellos—.

ḏꜥ pr.(*w*)

Se desató una tormenta.

ỉw.n m wꜣḏ-wr
tp-ꜥ sꜣḥ.n [102,13] *tꜣ*
fꜣ.t ṯꜣw

Estábamos en el Gran Verde,
antes de que hubiéramos tocado tierra,
navegando,

iri.f wḥm.yt
nw.yt im.f n.t mḥ **102,14** *8*

y había mar gruesa, con olas de 8 codos en él (= Gran Verde).

in ẖt ḥḥ.(w).n{.i}.s{t}

Es el mástil lo que golpearon.

ʿḥʿ.n dp.t m(w)t.t(i)

Y entonces el barco murió.

n.tyw im.s n zp **102,15** *wʿ im ḥr ẖw.w.i*

De los que había en él, no quedó nadie sino yo.

mk wi r gs.k

Heme aquí a tu lado.

ʿḥʿ.n ini.kwi r iw pn **102,16** *in wȝ.w n wȝḏ-wr*

Entonces, fui traído a esta isla por una ola del Gran Verde'.

ḏd.in.f n.i

Y ella me dijo:

m snḏ.(w) zp 2 nḏs
103,1 *m ȝt.w ḥr.k*
pḥ.n.k wi

'¡No temas —2 veces—, compañero!
¡No demudes[163] tu rostro!
Me has alcanzado.

---

[163] Significado dudoso.

mk nṯr rdi.n.f ꜥnḫ.k
ini.f tw 103,2 *r iw pn n kꜣ*

He aquí que un dios ha hecho que vivas.
Él te ha traído hasta esta isla fantasma.

nn n.tt nn st m-ẖn.w.f

No hay nada que no esté en ella.

iw.f mḥ.(w) ẖr nfr.wt nb.(w)t

Está llena de toda cosa buena.

103,3 *mk tw r iri.t ꜣbd ḥr ꜣbd r km.t.k ꜣbd 4 m-ẖn.w-n* 103,4 *iw pn*
dp.t r ii.t m ẖn.w sqd.w im.s rḫ.(w).n.k
103,5 *šm.t.k ḥnꜥ.sn r ẖn.w*
m(w)t.(w).k m km.t.k

He aquí que tú pasarás mes tras mes hasta que completes 4 meses en esta isla,
que un barco vendrá de la corte con marineros en él a los que tú conoces,
que irás con ellos hasta la corte
y que morirás en tu Egipto.

rš.wy sḏd 103,6 *dp.t.n.f*
zni ḫ.t-mr

¡Qué gozoso es el que cuenta lo que uno ha experimentado,
(cuando) la calamidad ya pasó!

sḏd.(w).i rf n.k mi.tt-ir.y ḫpr.w 103,7 *m iw pn*
wn.i im.f ḥnꜥ sn.w.i ẖrd.w m qꜣb.sn

Te contaré, pues, algo parecido que pasó en esta isla.
Estuve en ella junto con mis hermanos, habiendo niños entre ellos.

103,8 *km.n.n ḥfꜣ.w 75 m ms.w.ỉ ḥnꜥ sn.w.ỉ*

Llegamos a ser 75 serpientes con mis hijos y hermanos.

103,9 *nn sḫꜣ.(w).ỉ n.k zꜣ.t kt.t ỉnỉ.t.n.ỉ m sšꜣ*

No te mencionaré a una hija pequeña a la que traje mediante oraciones.

103,10 *ꜥḥꜥ.n sbꜣ hꜣ.w*

Entonces, cayó una estrella.
pr.n nꜣ m ḫ.t m ꜥ.f

Fue por su poder por lo que ellos se prendieron fuego.

ḫpr.n r.s nn 103,11 *wỉ ḥnꜥ ꜣm.ny*
nn wỉ m-ḥr-ỉb.sn

Ocurrió, pues, que yo no estaba con nuestro fuego,
que no estaba entre ellos.

ꜥḥꜥ.n.ỉ m(w)t.kwỉ n.sn
103,12 *gm.n.ỉ st m ẖꜣ.yt wꜥ.t*

Entonces, me quedé muerto por ellos,
una vez los hube encontrado en un montón de cadáveres.

ỉr qnỉ.n.k
rwḏ ỉb.k
mḥ.k **103,13** *qnỉ.k m ẖrd.w.k*
sn.k ḥm.t.k
mꜣ.k pr.k
nfr **103,14** *st r ḫ.t nb.t*
pḥ.k ẖn.w
wn.k ỉm.f m-qꜣb n sn.w.k

Si has sido valiente
y tenaz,
¡que puedas llenar tu abrazo con tus niños,
que puedas besar a tu mujer,
que puedas ver tu casa
—es más bella que ninguna otra cosa—,
que puedas alcanzar la corte,
que puedas estar en ella en medio de tus hermanos!’

103,15 *wn.k rf*
dmꜣ.kwỉ ḥr ẖ.t.ỉ
dmỉ.n.ỉ zꜣt.w **103,16** *m-bꜣḥ.f*
ḏd..ỉ rf n.{k}<f>

Yo estaba, pues, estirado sobre mi vientre,
toqué el suelo en su presencia
y le dije:

sḏd.(*w*)*.ỉ bꜣ.w.k n ỉt.y*
104,1 *dỉ.ỉ sšꜣ.f* (= *šsꜣ.f*) *m ʿꜣ.k*
dỉ.ỉ ỉnỉ.t n.k ỉbỉ ḥkn.w **104,2** *ỉwdnb ẖsꜣ.yt snṯr n gs.w-pr.w sḥtp.w nṯr nb ỉm.f*

‘Le hablaré al soberano de tu poder
para darle a conocer tu grandeza y para hacer traer para ti ládano[164], aceite *ḥkn.w*[165], sahumerio de *ẖsꜣ.yt*[166] e incienso de los distritos[167], con lo que cual-

[164] El significado no es seguro.
[165] Se trata de un aceite sagrado.
[166] Se trata de una especia.
[167] El significado no es seguro.

quier dios queda satisfecho.

104,3 *sḏd.(w).i rf ḫpr.t*
ḥr.i m m3.t.n.i m b3w.f
dw3-nṯr.tw **104,4** *n.k m km.t ḫft-ḥr qnb.t t3 r-ḏr.f*
zfṯ.(w).i n.k k3.w **104,5** *m zbi-n-sḏ.t*
wšn.n.i n.k 3pd.w
di.i ini.t n.k ḥʿ.ww **104,6** *3tp.w ẖr špss nb n km.t*
m ir(r).t(w) n nṯr
mrr **104,7** *rmṯ m t3 w3.(w)*
n rḫ sw rmṯ

Contaré, pues, lo ocurrido,
(estando) mi vista en lo que ha visto de su poder[168],
para que gracias sean dadas a dios por ti en Egipto, ante el consejo de todo el país.
Sacrificaré toros para ti en holocausto,
una vez que haya matado aves para ti,
para hacer traer para ti barcos de carga con toda cosa excelente de Egipto,
como se hace para un dios
que ama a la gente en una tierra lejana
que la gente ni siquiera conoce’.

ʿḥʿ.n sbṯ.n.f im.i **104,8** *m nn ḏd.(w).n.i m nf m ib.f*

Entonces ella se rió de mí a causa de lo que dije, (que era) como una tontería en su opinión,

ḏd.f n.i

y repuso:

n wr n.k ʿntyw **104,9** *ḫpr.t nb.(t) snṯr*

‘No tienes tanta mirra ni tanto de todo tipo de incienso.

[168] Esto es, ‘siendo testigo presencial’.

ỉnk ỉs ḥqꜣ pwn.t

Yo soy, ciertamente, el soberano de Punt.
ꜥntyw n.ỉ-ỉm sw

La mirra, ella me pertenece a mí.

[104,10]*ḥkn.w pf ḏd.(w).n.k ỉnỉ.t(w).f*
bw pw wr n ỉw pn

El aceite *ḥkn.w* ése que has dicho que fuera traído,
su presencia en esta isla es grande.

ḫpr.(w) ỉs ỉwd.(w).k [104,11] *ṯw r s.t tn*
n(n)-zp mꜣ.k ỉw pn ḫpr.(w) m nw.y

Ocurrirá, en verdad, que te separarás de este sitio
y que nunca volverás a ver esta isla, que se habrá convertido en agua’.

ꜥḥꜥ.n dp.t.f [104,12] *ỉỉ.t(ỉ) mỉ sr.t.n.f ḫnt.(w)*

Entonces, su barco llegó como ella lo había anunciado antes.

ꜥḥꜥ.n.ỉ šm.kwỉ
rdỉ.n.(ỉ) [104,13]*wỉ ḥr ḫt qꜣ.(w)*
sỉꜣ.n.ỉ n.tyw m-ḥn.w.s

Así que fui,
me coloqué sobre un árbol alto
y reconocí a los que estaban dentro de él.

ꜥḥꜥ.n šm.kwỉ [104,14] *r smỉ.t st*
gm.n.ỉ sw rḫ st

Entonces fui a dar parte
y encontré que ella ya lo sabía.

ꜥḥꜥ.n ḏd.n.f n.i

Y me dijo:

snb.t(i) zp 2 nḏs **104,15** *r pr.k*
mꜣ.k ẖrd.w.k
imi rn.i nfr m km.t.k

'¡Buen viaje —2 veces—, compañero, hasta tu casa!
¡Que veas a tus hijos!
¡Habla bien de mí en Egipto![169]

104,16 *mk ẖr.t.i pw im.k*

He aquí que ésta (es) mi petición de ti'.

ꜥḥꜥ.n rdi.n.(i) wi ḥr ẖ.t.i
ꜥ.wy.i ḫꜣm.(w) **105,1** *m-bꜣḥ.f*

Entonces me puse sobre mi vientre,
mis brazos estando inclinados ante ella.

ꜥḥꜥ.n rdi.n.f n.i zb.t m ꜥntyw ḥkn.w **105,2** *iwdnb ẖsꜣ.yt ti-šps šꜣꜥs msdm.t sd.w* **105,3** *n.w mm.y mrr.yt ꜥꜣ.t n.t snṯr nḏḥ.yt n.t ꜣb.w* **105,4** *ṯzm.w gwf.w kyw.w špss nb nfr*

Y me dio un cargamento de mirra, aceite *ḥkn.w*, sahumerio de *ẖsꜣ.yt*, alcanfor[170], *šꜣꜥs*[171], pintura negra de ojos, colas de jirafa, grandes terrones[172] de incienso, colmillos de marfil, galgos, monos verdes, monos *kyw* y toda delicadeza buena.

---

[169] Literalmente, '¡Pon mi nombre bien en tu Egipto!'
[170] El significado de la palabra es dudoso.
[171] Palabra de significado desconocido.
[172] El significado de la palabra es dudoso.

ꜥḥꜥ.n [105,5] *ꜣtp.n.i st r dp.t tn*
ḫpr.n rdi.tw.i ḥr ẖ.t.i r dwꜣ-nṯr n.f

Entonces, lo cargué en este barco
y me encontré echado sobre mi vientre para dar gracias a dios por ella.

ꜥḥꜥ.n [105,6] *ḏd.n.f n.i*

Y ella me dijo:

mk tw r spr r ẖn.w n ꜣbd 2
mḥ.(w).k qni.k [105,7] *m ẖrd.w.k*
rnp.y.k m ẖn.w qrs.t.k

'He aquí que llegarás a la corte en 2 meses,
llenarás tu abrazo con tus hijos
y te mantendrás joven en la corte hasta que seas enterrado'.

ꜥḥꜥ.n [105,8] *hꜣ.kwi r mr.yt m-hꜣ.w dp.t tn*

Así que bajé a la orilla, cerca de este barco.

ꜥḥꜥ.n.i ḥr iꜣš [105,9] *n mšꜥ.w n.ty m dp.t tn*
rdi.n.i ḥkn.w ḥr mr.yt n nb n [105,10] *iw pn*
n.tyw im.s r mi.tt-ir.y

Entonces, me puse a llamar a las tropas que estaban en este barco
e hice una alabanza sobre la orilla para el señor de esta isla,
y los que estaban en él (= el barco), lo mismo.

nꜥ.t pw iri.n.n m-ḫd.w r [105,11] *ẖn.w n it.y*

Lo que hicimos fue navegar hacia el norte hasta la corte del soberano.

spr.n.n r ẖn.w ḥr ꜣbd 2 mi ḏd.t.n.f nb.t

Y fue a los dos meses, exactamente como ella había dicho, cuando arribamos a la corte.

105,12 *ꜥḥꜥ.n ꜥq.kwỉ ḥr ỉt.y*
mz.n.ỉ n.f ỉn.w pn ỉnỉ.(w).n.ỉ m-ẖn.w-n **105,13** *ỉw pn*

Me presenté ante el soberano[173]
y le presenté este botín que había traído de esta isla.

ꜥḥꜥ.n dwꜣ-nṯr.n.f n.ỉ ḫft-ḥr qnb.t tꜣ r-ḏr.f

Entonces, él dio gracias a dios por mí ante el consejo de todo el país.

ꜥḥꜥ.n rdỉ.kwỉ **105,14** *r šms.w*
sꜣḥ.kwỉ m tp.yw

Y fui nombrado miembro del séquito
y tuve trato con los principales.

mꜣ wỉ
r-sꜣ **105,15** *sꜣḥ.ỉ tꜣ* *r-sꜣ mꜣ.ỉ dp.t.n.ỉ*
sḏm r.k n r.ỉ

¡Mírame, tras haber hecho tierra, tras haber visto lo que he experminetado!
¡Haz caso, pues, de mi palabra!

105,16 *mk nfr sḏm n rmṯ*

He aquí que está bien hacer caso a la gente.

ꜥḥꜥ.n ḏd.n.f n.ỉ

Entonces él me dijo:

m ỉrỉ.(w) ỉqr ḫnms
106,1 *ỉn-m (r) rdỉ.t m.w n ꜣpd ḥḏ tꜣ n zfṯ.f dwꜣ.(w)*

'No seas listillo, amigo. ¿Quién dará agua al alba al pájaro que será sacrificado por la mañana?' "

---

[173] Literalmente, 'Entré hacia el soberano'.

106,2 *iw.f pw ḥ3.t.f r pḥ.wy.fy mi gm.yt m zš zš iqr.(w)* 106,3 *n ʿq3.w.f imn.y z3 imn-ʿ3 ʿnḫ (w)ḏ3 s(nb)*

Esto es todo, de principio a fin, tal como lo encontrado en el escrito del escriba excelente de dedos, el hijo de Imeny, *imn-ʿ3* —vida, seguridad y salud—.

Anexo V. Bibliografía

La bibliografía sobre la lengua egipcia es extensa. Éstas son las publicaciones fundamentales para ampliar los contenidos básicos de este manual.

Genealogía del egipcio

Diakonoff, I. 1965. *Semito-hamitic languages. An essay of classification*. Moscú.

Greenberg, J.H. 1955. *Studies in African linguistic classification*. New Haven.

Tipología lingüística

Hagège, C. 1996. *L'homme de paroles*. La Flèche, 1996.

Tipología de la lengua egipcia

Allen, J.P. 2013. *The Ancient Egyptian language. An historical study*. Cambridge.

Loprieno, A. 1995. *Ancient Egyptian. A linguistic introduction*. Cambridge.

Vernus, P. 1988. L'égypto-copte. En J. Perrot (ed.), *Les langues dans le monde ancien et moderne. 3ème partie: Les langues chamito-sémitiques. Textes réunis par D. Cohen*. París, 161-206.

Historiografía de la egiptología

Sauneron, S. 1971. *La Egiptología*. Barcelona.

Vercoutter, J. 1992. Le déchiffrement des hiéroglyphes égyptiens 1680-1840. En *The Intellectual Heritage of Egypt* (Studia Aegyptiaca 14). Budapest, 579-586.

Fonética y grafemática

Cervelló, J. 2015. *Escrituras, lengua y cultura en el antiguo Egipto*. Barcelona.

Fecht, G. 1960. *Wortakzent und Silbenstruktur* (Ägyptologische Forschungen 21). Glückstadt.

Fischer, H.G. 1986. *L'écriture et l'art de l'Égypte ancienne*. París.[174]

Goldwasser, O. 1995. *From icon to metaphor* (Orbis Biblicus et Orientalis 142). Friburgo y Göttingen.

Lacau, P. 1954. *Sur le système hiéroglyphique* (Bibliothèque d'Étude 25). El Cairo.

Lacau, P. 1970. *Études d'égyptologie I: Phonétique* (Bibliothèque d'Étude 41). El Cairo.

Loprieno, A. 2001. *La pensée et l'écriture*. París.

Morra, L. & C. Bazzanella (eds.). 2003. *Philosophers and hieroglyphs*. Turín.

Peust, C. 1999. *Egyptian phonology*. Göttingen.[175]

Sethe, K. 1926. *Der Ursprung des Alphabets*. Berlín.

Vergote, J. 1945. *Phonétique historique de l'égyptien* (Bibliothèque du Muséon 19). Lovaina.

Vernus, P. 1993. "La naissance de l'écriture dans l'Égypte pharaonique", *Archéo-Nil* 3, 75-108.[176]

Gramáticas de referencia

Allen, J.P. 2000 (2ª ed. 2010; 3ª ed. 2014[177]) *Middle Egyptian. An introduction to the language and culture of hieroglyphs*. Cambridge

Gardiner, A.H. 1957. *Egyptian grammar*. Oxford.

Malaise, M. & J. Winand. 1999. *Grammaire raisonnée de l'égyptien classique* (Aegyptiaca Leodinensia 6). Lieja.

Diccionarios

Erman, A. & H. Grapow. 1926-1963. *Wörterbuch der ägyptischen Sprache* I-VII. Leipzig.[178]

---

[174] Entre otras muchas obras de este autor dedicadas al estudio de la escritura egipcia.

[175] Disponible en http://digi.ub.uni-heidelberg.de/diglit/peust1999.

[176] Entre sus numerosos estudios sobre la escritura egipcia.

[177] La tercera edición propone una descripción del sistema verbal muy diferente.

[178] Diccionario de referencia (abreviado *Wb*) para el que se usaron un millón y medio de fichas (http://aaew.bbaw.de/index.html).

Faulkner, R.O. 1986. *A concise dictionary of Middle Egyptian*. Oxford.[179]

Hannig, R.H.G. & P. Vomberg. 1999. *Wortschatz der Pharaonen in Sachgruppen*. Mainz.[180]

Congresos científicos sobre lengua egipcia

Englund, G. & J. Frandsen (eds.). 1986. *Crossroad. Chaos or the beginning of a new paradigm. Papers from the conference on Egyptian grammar. Helsingor 28-30 May 1986* (CNI Publications 1). Copenhague.

Loprieno, A. (ed.). 1991. *Proceedings of the second international conference on Egyptian grammar (Crossroads II). Los Angeles, october 17-20, 1990*. (Lingua Aegyptia 1). Göttingen.[181]

Junge, F., F. Kammerzell & A. Loprieno (eds.). 1994. *Proceedings of the third international conference on Egyptian grammar (Crossroads III). Yale, April 4-9, 1994* (Lingua Aegyptia 4). Göttingen.

Müller, M. (ed.). 2009. *Proceedings of the fourth international conference on Egyptian grammar (Crossroads IV) Basel, March 19–22, 2009* (Lingua Aegyptia 17). Göttingen.

Grossman, E., S. Polis & J. Winand (eds.). 2012. *Lexical semantics in Ancient Egyptian* (Lingua Aegyptia – Studia Monographica 9). Göttingen.

Grossman, E. et al. (eds.). 2014. *On forms and functions. Studies in Ancient Egyptian grammar* (Lingua Aegyptia – Studia Monographica 15). Göttingen.

Haspelmath, M. & T. Richter (eds.). 2015. *Egyptian-Coptic linguistics in typological perspective* (Empirical Approaches to Language Typology 55). Berlín.[182]

Allen, J.P., M.A. Collier & A. Stauder (eds.). 2016. *Coping with obscurity. The Brown workshop on Earlier Egyptian grammar* (Wilbour Studies in Egyptology and Assyriology 3). Atlanta.

---

[179] Diccionario manejable y muy útil.

[180] Diccionario por campos semánticos.

[181] Disponible en http://wwwuser.gwdg.de/~lingaeg/lingaeg01.htm.

[182] Este volumen recoge algunas de las contribuciones del Congreso internacional *Language Typology and Egyptian-Coptic Linguistics*, Leipzig, 2-5 de octubre de 2008 (http://www.uni-leipzig.de/~egyptol/egyptol/call.htm). Otras aparecieron en revistas especializadas, entre ellas la mía en *Zeitschrift für Ägyptische Sprache und Altertumskunde* 137 (2010), 13-26.

Kammerzell, F. et al. (eds.). Próximamente. *Proceedings of the fifth international conference on Egyptian grammar (Crossroads V) Berlin, February 17-20, 2016.*